LE ROMAN DU QUÉBEC

DU MÊME AUTEUR

Le Roman de Berlin, coll. « Le Roman des lieux et destins magiques », éditions du Rocher, 2005.

L'Amérique messianique, en collaboration avec Alain Frachon, coll. « La couleur des idées », éditions du Seuil, 2004.

La Russie de Vladimir Poutine, Institut français des relations internationales, 2002.

Novembre 1989, le mur de Berlin s'effondre, coll. « Les événements dans le monde », éditions du seuil, 1999.

URSS, le Rêve sacrifié, en collaboration avec Jean-Marc Gonin, éditions Odile Jacob, 1994.

La Renaissance allemande, éditions Flammarion, 1992.

URSS, Points Seuil, 1990.

DANIEL VERNET

LE ROMAN
DU QUÉBEC

éditions du
ROCHER

Collection « Le roman des lieux et destins magiques »
dirigée par Vladimir Fédorovski

ISBN : 978 2 268 06404 8

Introduction

Le Québec fait rêver. La nature, le climat, l'immensité du territoire, la couleur des arbres à l'automne, les liens historiques avec la France et la survie de la langue française dans ce coin d'Amérique, les noms qui rappellent nos vieilles provinces, l'hospitalité chaleureuse et simple de ses habitants, tout concourt à accorder au Québec une place à part. La Belle Province : le surnom qu'elle s'est donné au milieu d'autres provinces qui forment le Canada est à lui seul une invitation au voyage. Mais connaît-on le Québec ? Les Français ont eu tendance, au fil des siècles, à y projeter leurs phantasmes. Dernier refuge de la France traditionnelle et catholique pour les uns, restée à l'abri des turpitudes de la Révolution française grâce à la conquête britannique de 1763, bastion de la francophonie qui ne demandait qu'à s'allier à la mère patrie – « l'amère mère patrie », disait par dérision le journal québécois *Le Devoir* –, pour les gaullistes regonflés par le voyage historique du Général en 1967 et son fameux « Vive le Québec libre ! », avant-garde de la lutte pour l'émancipation des peuples selon les gauchistes en mal de référence tiers-mondiste, le Québec se prête à diverses interprétations.

S'il est ou a été un peu tout cela, il est aussi bien autre chose. Une société moderne dont la principale caractéristique est de parler français en Amérique. L'historien Yvan Lamonde a résumé la vraie nature du Québec dans une équation : $Q = -F + GB + USA^2 - R$. Moins de France qu'on ne le laisse entendre, plus de Grande-Bretagne que les conquis ne veulent bien le reconnaître, beaucoup plus d'États-Unis qu'on ne l'avoue et moins de Rome qu'on ne le dit. La formule reflète une complexité qui ne se laisse pas enfermer dans un jugement à l'emporte-pièce.

Cette complexité est le fruit d'une histoire tourmentée qui a commencé dans une colonie française au XVIIe siècle, que les rois de Versailles voulaient exemplaire, qui s'est poursuivie sous la domination anglaise, non sans quelques sursauts de révolte, pour se prolonger dans un réveil national dirigé contre une fédération canadienne, de plus en plus indépendante de la Grande-Bretagne mais de plus en plus envahissante. Pendant des siècles, l'identité des Canadiens français – le nom de Québécois n'a été revendiqué que dans la seconde moitié du XXe siècle – s'est maintenue dans le giron de l'Église catholique, apostolique et romaine.

Avec la Révolution tranquille des années 1960 qui a marqué la rupture définitive du Québec avec une interprétation obscurantiste de son histoire, le français est devenu le signe de ralliement. La langue française, pas la France. Avec elle les Québécois continuent d'entretenir des relations ambiguës, mélange de fascination et d'exaspération face aux Français « cassants et cassables ». Même si, par hostilité au monde anglo-saxon et plus précisément par anti-américanisme, les Québécois réagissent souvent plus comme les Français que comme le reste des Canadiens face aux grandes questions internationales.

« Je me souviens » : la devise du Québec recèle toute cette ambivalence. Les Québécois se souviennent de la présence française, du désintérêt de cette même France quand il fallut sacrifier des possessions d'outre-mer pour endiguer la présence anglaise sur le Vieux Continent, des luttes menées pour conserver leur spécificité avec l'aide de l'ancienne et plus souvent sans elle. Ils se souviennent de leurs ancêtres partis de Normandie pour venir s'installer dans une nature alors hostile, qui leur ont légué leur langue et leurs noms. Ils se souviennent de Samuel de Champlain, qui un jour de juillet 1608, au confluent du Saint-Laurent et de la rivière Saint-Charles, posa le premier rondin de son « abitation » : Québec !

CHAPITRE 1ER

Le pays que Dieu a donné à Caïn

En 1534, Jacques Cartier découvre le Canada. « Il n'a rien découvert du tout », dit quatre cent cinquante ans plus tard John Norton, de son nom indien Thehkweto, grand chef mohawk, ou agnier, du territoire de Kahnawake, en langue officielle « réserve indienne de Caughnawaga. « Si mes ancêtres n'avaient pas suivi les instructions que leur avait données le Créateur, on peut alors douter que Cartier et compagnie n'auraient même pas eu la chance de faire un rapport sur leur prétendue découverte historique [1]. » Thehkweto n'a pas complètement tort. Les Amérindiens et les Inuits venus de Sibérie par le détroit de Behring quelque trente mille ans avant l'arrivée de Cartier habitaient le Canada d'une manière permanente depuis huit à dix mille ans. Combien étaient-ils alors ? On ne le sait pas très bien. De 500 000 à 2 millions. Au Québec, il en reste 75 000, soit 1 % de la population totale, représentant onze « nations » autochtones ou « premières », dix amérindiennes et une inuit, réparties dans cinquante-quatre communautés. Les plus nombreux sont les Mohawks, suivis des Inuits et des Cris. Roméo Saganash, conseiller juridique du président du Grand Conseil des Cris, proclame : « Ni Canadiens, ni Québécois, nous sommes des Cris vivant au Québec ! » La majorité se nourrit toujours grâce à la chasse et la pêche.

Avant l'arrivée des Européens, les Amérindiens – le continent a pris le nom d'Amérique en 1507 – ne connaissent ni

1. *Le Monde* du 7 juin 1984.

l'écriture ni l'agriculture. Ils vivent dans une société dont l'équilibre avec la nature constitue le fondement. Dans cette économie de subsistance, ils n'en ont pas moins créé des réseaux de circulation et d'échanges qui profiteront aux Français et aux Anglais au XVIIe siècle. Les Iroquois de la vallée du Saint-Laurent et des Grands Lacs sont des sédentaires. On les appelle parfois Iroquoiens. En réalité c'est un nom donné par les Européens ; eux-mêmes se nomment Hodenosaunee, ou gens de la longue maison. Ils habitent en effet dans des « cabanes longues », d'où leur nom, dans lesquelles vivent plusieurs familles.

Les Montagnais, une « nation » de la famille des Algonquins, sont des nomades. Ils vivent de la chasse en hiver, de la pêche et de la cueillette des fruits en été. Ils sont robustes et de haute taille. Ils passent le plus clair de leur temps à manger, à rire et à « se railler les uns des autres ». Ils sont vaillants, honnêtes, hospitaliers. Ils croient en l'existence d'un Être suprême et à la survie de l'âme après la mort. Le paradis leur apparaît comme un lieu où la chasse et la pêche ne finiraient jamais. Toutefois, leur principale préoccupation est la vie présente.

Plusieurs maisonnées forment un clan, plusieurs clans une tribu. Les tribus se regroupent en nation et les nations en confédération. La ligue iroquoise compte cinq nations. Les tribus sont dirigées par un chef, le sachem, élu par le peuple pour une période déterminée. Les Indiens guerroient entre eux. Les petites guerres se livrent entre petites bandes, les grandes guerres entre « nations ». Avant que les Européens ne fournissent des armes à feu, ils se battent avec des tomawaks, des arcs et des flèches. Le scalp, rapporté triomphalement, est la preuve que l'ennemi est battu mais pas nécessairement mort. On prenait ce qui était le plus léger dans le corps humain pour l'exhiber. Les Indiens apprendront, entre autres choses, aux Européens à scalper leurs adversaires. Plus tard les Européens et les Indiens feront des scalps un commerce florissant, y compris avec des faux scalps.

Vive le roi de France !

Chez les Amérindiens, l'homme s'occupe de la chasse, de la pêche, de la taille des pierres, de la coupe du bois. La femme s'affaire à la préparation de la nourriture, à la cueillette des fruits et des baies et à la confection des vêtements. L'éducation des enfants est partagée entre les parents et les grands-parents qui transmettent les traditions.

Thehkweto a encore raison quand il laisse entendre que Cartier et ses compagnons n'auraient pas survécu si les Indiens ne leur étaient pas venus en aide. Les nouveaux venus sont « affamés, malades, à moitié morts de froid », dit la chronique, quand ils jettent l'ancre dans la baie de Gaspé, le 14 juillet 1534. C'est le premier voyage outre-Atlantique de Cartier le Malouin qui en fera trois au total. Il a quitté Saint-Malo trois mois plus tôt avec deux navires et soixante et un hommes, et avec 6 000 livres tournois mises à sa disposition par François Ier (la livre tournois vient de Tours et vaut un petit peu moins que la livre de Paris). Le roi lui a donné mission de trouver une voie de passage vers l'Asie, « en direction de Cathay et de rapporter tas de riches choses ».

Quand Cartier accoste à Gaspé, son premier geste est d'ériger une croix de 9 mètres de haut, enrichie d'une inscription « Vive le roi de France ! » et d'un écusson portant trois fleurs de lys. Des Iroquois et leur chef Donnacona assistent de loin à la cérémonie. Ils sont mécontents et font remarquer à Cartier, avec force gestes, qu'il aurait pu demander la permission. Le Français aurait répondu qu'il ne s'agissait que d'une balise. Mais Samuel de Champlain, qui relate l'épisode dans ses Mémoires, affirme le contraire. Cartier aurait montré la croix et le ciel et dit : « Par celle-ci est notre rédemption ! »

Ce n'est pas le premier contact des Indiens avec des Blancs. Depuis le XVe siècle au moins, des Français et des Espagnols se livrent à la pêche à la morue, le « bœuf de la mer », mais ils viennent pour la saison de la pêche et repartent en Europe avec leur cargaison salée ou séchée. Cette fois,

Donnacona craint, non sans raison, que la démonstration de Cartier marque sa volonté de s'emparer du territoire. Trois siècles plus tard, l'abbé Laflèche, un ultramontain qui allait devenir évêque de Trois-Rivières, ne comparera-t-il pas Jacques Cartier remontant le Saint-Laurent à Abraham marchant vers la Terre promise...

Accompagné de trois de ses fils et de son frère, Donnacona s'approche à la barque du navire français. Cartier raconte : « Et l'un de nos gens, étant dans notre bateau, mit la main sur ladite barque et on les fit entrer dans notre navire, de quoi ils furent bien étonnés. Et, étant entrés ils furent assurés par le capitaine qu'ils n'auraient nul mal, en leur démontrant grands signes d'amour ; et on les fit boire et manger. » L'incident est clos. Cartier explique à Donnacona qu'il repart pour la France mais qu'il a l'intention de revenir. L'expédition, en effet, n'a pas été très fructueuse. Il ne rapporte pas d'or, néglige les fourrures et se contente de quelques morues. Il n'a pas trouvé de passage vers l'ouest.

Signe de bienveillance ou prise de gage, il propose au chef indien d'amener deux de ses fils en Europe. Domagaya et Taignoagny arrivent avec toute l'expédition le 5 septembre à Saint-Malo. On les a affublés de chemises et de bonnets rouges. Les deux Indiens sont étonnés par les mœurs de la cour de François Ier. Ils sont surpris par l'éducation des enfants qui subissent des réprimandes, alors qu'ils sont, eux, élevés dans la liberté. Ils apprennent quelques bribes de français. André Thevet, le théologien et le cosmographe du roi, a un faible pour ces bons sauvages. Il pense qu'ils n'attendent que de se convertir au catholicisme : « Le roi espérait que même si ce pays ne lui rapportait pas grande fortune, il lui donnerait au moins l'honneur immortel et la grâce de Dieu pour avoir sauvé ces peuples barbares de l'ignorance et les avoir fait entrer dans l'Église du Christ. » Cartier n'avait pas emmené de prêtre dans sa première expédition et il refusa le baptême aux Indiens sous divers prétextes, comme le manque des saintes huiles.

L'année suivante, le deuxième voyage est plus conséquent. Cent dix hommes d'équipage embarquent sur trois navires, la *Grande-Hermine,* la *Petite-Hermine* et l'*Émerillon,* avec des vivres pour dix-huit mois. Et deux guides-interprètes, Domagaya et Taignoagny, dont Cartier apprendra à se méfier de la sincérité. Tout le monde appareille de Saint-Malo le 19 mai, le jour de la Saint-Yves, le patron des marins bretons. Moins de quatre mois plus tard, Cartier remonte le Saint-Laurent jusqu'au Saguenay, où il rencontre le chef iroquois. En algonquin, Saguenay veut dire « eau qui sort » ou « débordement ». Il s'arrête à Tadoussac, un comptoir de traite des fourrures à l'usage des Indiens, à l'embouchure de la rivière Saguenay. Au cours des années suivantes ce sera le lieu de rencontre entre des Indiens et des trafiquants européens. Aujourd'hui, c'est un petit port tranquille, avec quelques maisons dispersées le long de deux rues. La principale attraction pour les touristes est le départ en bateau pour observer les baleines du Saint-Laurent.

Canada

Puis Cartier remonte le fleuve jusqu'au confluent de la rivière Saint-Charles, qu'il nomme la rivière Sainte-Croix, d'après la fête du jour. Sur la rive est se trouve Stadaconé, la capitale du Canada. C'est là qu'en 1608, Champlain posera les fondations de la future ville de Québec. Canada, le pays iroquois ! On a beaucoup discuté pour savoir d'où vient ce nom. Toutes les interprétations possibles ont été avancées. Sans doute la plus fantaisiste a son origine chez les marins portugais. N'ayant rien trouvé sur les cartes, ils se seraient écrié : « *Aqua nada !* » Une autre interprétation veut que, invité par le chef iroquois à se rendre dans son village, Canada, Cartier aurait pris le nom du site pour le nom du pays. Selon Champlain, Canada est un nom d'origine iroquoise qui signifie « amas de cabanes », ou « amas de petites cabanes », ou encore « village ». Pour d'autres, c'est « lac », ou « pays où il y a de nombreux lacs ».

Les Indiens essaient de décourager Cartier d'aller plus loin vers l'ouest. Ils lui dressent la liste des obstacles qu'il rencontrerait et disent craindre pour sa sécurité à cause d'autres Indiens « fourbes et méchants ». Cartier continue toutefois jusqu'à Hochelaga, l'emplacement de la future Ville-Marie qui deviendra Montréal. Il l'atteint le 20 octobre. Il fait planter une croix avec une inscription en latin : « François Ier régnant, par la grâce de Dieu, roi des Français. » Il reçoit une chaleureuse réception de la part de trois mille Iroquois. Il est étonné par ces Indiens qui « s'emplissent le corps de fumée, tellement qu'elle sort par la bouche et les narines comme par un tuyau de cheminée. Ils disent que cela les tient sains et chaudement ». Il vient de découvrir le tabac.

Il continue vers l'ouest, toujours dans l'illusion de trouver une voie maritime vers l'Asie. Il butte sur les rapides de Lachine, nom donné plus tard, en 1682, par le sulpicien Robert Cavelier de La Salle, qui découvrira la Louisiane mais qui rêvait d'inaugurer un passage vers la « Chine ». C'est déjà l'hiver. Il fait froid. La remontée du fleuve, qui pousse en avant 12 000 m^3 d'eau à la seconde, a été aussi pénible que la traversée de l'Atlantique. Le scorbut frappe. Cartier perd vingt-cinq de ses hommes. Il dira à François Ier : « Sire, c'est le pays que Dieu a donné à Caïn », pour montrer que ce n'est pas le paradis. Dans les années 1960, Gilles Vignault chantera en écho : « Mon pays, c'est l'hiver. »

Il n'y a pas que la nature à vaincre. Chez les Iroquois l'hostilité gagne. Cartier s'aperçoit que Taignoagny dit ce que bon lui semble au lieu de traduire les paroles de son père. Pour décourager les Français de continuer à chercher la route de l'ouest, les deux fils du chef organisent une pantomime religieuse. Lorsqu'ils étaient en France, ils avaient remarqué le pouvoir exercé par l'Église. Dans son Journal, Jacques Cartier raconte l'épisode : « Arriva ladite barque, où étaient les trois hommes, apparaissant être trois diables, ayant de grandes cornes sur leurs têtes, et celui du milieu faisait, en venant, un merveilleux sermon. » Donnacona annonce à Cartier que ces trois hommes ont été envoyés par Cudouagny, leur dieu, pour les prévenir qu'il y aurait assez de neige et de glace à Hochelaga pour tuer tout le monde.

Cartier décide de repartir en emmenant en France le chef Donnacona dont il s'est emparé par la ruse. Il veut que Donnacona dise au roi de vive voix toutes les richesses qu'il a vues dans la vallée du Saguenay. Est-ce une légende ? Donnacona raconte qu'il a vu des Blancs au Saguenay : « En plus, il dit avoir vu d'autres pays, où les gens ne mangent point et n'ont point de fondement et ne digèrent point ; mais font seulement eau par la verge. En plus, il dit avoir été au pays des Picquenyans, et autres pays où les gens n'ont qu'une jambe », écrit Cartier dans son journal. Il est de retour le 16 juillet 1536.

Les Indiens ont une âme

Donnacona ne retournera jamais au pays. Il meurt en France en 1537. Le théologien du roi lui consacre une épitaphe : « C'était un grand chef au-dessus de tous les autres qui est mort au temps du roi François. » La même année, le pape Paul III, après avoir beaucoup hésité et consulté, prend une décision essentielle : les Indiens ont une âme. « L'ennemi de la race humaine inspire ses adorateurs qui, pour lui plaire, n'ont pas hésité à publier à l'étranger que les Indiens de l'Ouest et du Sud et les autres peuples récemment découverts devraient être traités comme des brutes sans âme créées pour nous servir, en prétendant qu'ils sont incapables de recevoir la foi catholique, explique le Saint-Père. Bien qu'indigne de cette tâche, Nous qui exerçons le pouvoir de Notre Seigneur sur terre et cherchons de toutes nos forces à ramener les brebis égarées au bercail, considérons, toutefois, que les Indiens sont pleinement des hommes et qu'ils sont non seulement capables de comprendre la foi catholique mais que, selon nos informations, ils souhaitent ardemment la recevoir. » Les missionnaires qui, au siècle suivant, entreprendront la traversée de l'Atlantique, considéreront que les informations papales étaient exactes.

En 1540, Cartier prépare son troisième voyage. François Ier le nomme capitaine général d'une expédition dont l'objectif est d'aller aussi loin que possible au cœur du Canada. Mais l'année suivante, le roi change d'avis et nomme à la place de Cartier Jean-François de La Rocque, sieur de Roberval, dit « le petit roi de Vimeu », un huguenot ruiné, son ami d'enfance. Il le fait lieutenant général du Canada. Paradoxe, il fait confiance à un protestant pendant qu'il massacre trois mille Vaudois, pour la simple raison qu'ils ont épousé la foi réformée et veulent vivre la pauvreté évangélique. Et il le charge de veiller outre-Atlantique à « l'augmentation et l'accroissement de notre sainte foi chrétienne et Sainte-Mère Église catholique ».

Finalement Cartier part seul le 23 mai 1541. L'armada est impressionnante : cinq vaisseaux emmenant des marins, des soldats mais aussi pour la première fois des immigrants, avec du bétail et des provisions pour deux ans. Après trois mois d'une difficile traversée, Cartier arrive à Stadaconé. Il est accueilli par le nouveau roi Agona qui feint de croire à son récit de la mort de Donnacona : « Agona ne fit aucun signe de colère à ses paroles. Je crois qu'il accepta si bien parce qu'il devenait Seigneur et gouverneur du pays par la mort dudit Donnacona. » Cartier construit un fort à Charlesbourg-Royal, à l'embouchure de la rivière du Cap-Rouge. Une fois encore, il a omis de demander la permission de s'établir sur le territoire des Iroquois. Mécontents, ceux-ci assiègent le fort au cours de l'hiver et tuent trente-cinq des hommes de Cartier. C'est le prix à payer pour ramener des trésors. En juin 1542, le navigateur décide de rentrer en France. Dans la baie de Saint-Jean de Terre-Neuve, il croise Roberval qui lui ordonne de retourner au Canada. Il n'en a cure. Faisant mine d'obéir, il change de cap au milieu de la nuit et fait route vers l'est. Il pense retrouver les faveurs de François Ier grâce aux richesses qu'il transporte, des pierres « que nous estimons être diamants, polis, merveilleusement taillés, qui luisaient comme... des étincelles de feu ». Las, les feuilles d'or fin ne sont que de la pyrite de fer et les diamants du mica. L'expression est née : « Faux comme des diamants du Canada. » Maintenant, on en a trouvé dans le Nord du pays qui est devenu un des premiers producteurs mondiaux.

Fin du premier épisode

Roberval arrive et passe un hiver pendant lequel deux cents de ses hommes meurent du scorbut. Pour lutter contre le scorbut, il faut de la vitamine C. Où en trouver dans la vallée du Saint-Laurent ? Les Indiens l'apprendront aux Blancs, dans le *Thuya occidentalis*, ou cèdre. Roberval établit un petit comptoir à Tadoussac puis rentre en France, mettant un terme au premier épisode dans l'histoire de la Nouvelle-France. Jusqu'à Henri IV, les souverains français, occupés à batailler en Europe, s'en désintéresseront. Frustrés de n'avoir pas découvert les richesses qui leur auraient permis de terrasser leurs ennemis, ils renoncent à l'évangélisation du Nouveau Monde. Il reste un petit poste avancé à Tadoussac où se rencontrent les Indiens et les Européens venus pêcher la baleine et la morue. Peu à peu, ces pionniers passeront à la traite des fourrures, un commerce moins rude et plus lucratif. En effet, la peau de castor commence à faire fureur en Europe, où le port de la fourrure n'est plus réservé aux classes nobles. Les chapeliers découvrent le duvet de castor. Chaque année, une foire rassemble à Tadoussac entre 1 200 et 1 500 Indiens qui se moquent de la passion des Français pour la peau de castor.

D'autres grandes foires ont lieu à Chicoutimi, en remontant le Saguenay. Les nations du Sud apportent du tabac, du maïs, des poteries, des coquillages, des objets en pierre. Elles les échangent avec les nations du Nord contre des peaux d'orignaux ou de castor pour confectionner des vêtements et des tentes, contre des écorces de bouleau qui servent à construire des canots. Pour répondre aux besoins croissants des Européens, les Indiens montagnais créent une classe de chasseurs-commerçants. Pour juguler la concurrence, leurs interlocuteurs instaurent un monopole. L'entreprise privée prend le relais des marins du roi jusqu'à la fin du XVIe siècle.

Chapitre 2

Qué bec !

À part quelques comptoirs, il n'y a pas d'établissements permanents au Canada. Les marchands de Saint-Malo ont refusé l'offre du roi Henri IV de s'installer outre-Atlantique. Le commerce des fourrures suffit à leur bonheur et à leur porte-monnaie. Le petit comptoir de Tadoussac ne compte qu'une dizaine d'hommes qui y passent l'hiver dans des conditions très dures. Pierre Chauvin de Tonnetuit, dit aussi de Pontgravé ou Gravé du Pont, a obtenu en 1600 le monopole de la commercialisation des peaux. Il meurt deux ans après. Henri IV transfère le monopole à Pierre Du Gua De Monts, un huguenot, nommé lieutenant général du Canada. Sa société privée engrange les bénéfices ; en échange elle porte le fardeau de la colonisation. En 1608, Du Gua De Monts charge Samuel Champlain d'aller fonder une « abitation » sur le Saint-Laurent. Champlain quitte Honfleur sur le *Don-de-Dieu*, accompagné de deux autres navires.

C'est sa troisième traversée de l'Océan depuis 1603. Lors de la première expédition, sur la *Bonne-Renommée*, il a rencontré le chef montagnais Anadabijou à la pointe des Alouettes, en face de Tadoussac. Le chef indien l'autorise à peupler la colonie mais sur ses propres terres, celles qu'il vient d'enlever aux Iroquois. Ces derniers ont pratiquement disparu de la vallée du Saint-Laurent qu'ils occupaient un siècle auparavant. Ils ont été refoulés vers le sud-ouest, vers la région des Grands Lacs, Érié et Ontario. En échange de la colonisation, Anadabijou demande au Français de lui garantir l'exclusivité de l'approvisionnement en fourrures. De retour en France, Champlain transmet la proposition à la Cour. Henri IV est pour, son ministre Sully contre.

Champlain est un protégé du roi, bien qu'il ne soit pas noble, mais Henri IV n'a pas oublié qu'il s'était battu contre la Ligue dans ses troupes quand il n'était encore qu'Henri de Navarre. Il est né dans les années 1560, peut-être en 1567, à Brouage en Saintonge, dans la région de La Rochelle. On ne sait s'il est le fils d'un pêcheur pauvre ou d'un capitaine de marine, ou le valeureux bâtard d'une noble race. On ne sait pas s'il a été baptisé catholique ou protestant mais il est né dans une famille huguenote qui en a fait un géographe compétent. Il est le premier cartographe de la Nouvelle-France. Sa femme, avec qui il a signé un contrat de mariage alors qu'elle n'avait que douze ans, avec effet deux ans plus tard, a appartenu aussi à la religion réformée, jusqu'à sa conversion au catholicisme. Ayant rejoint l'Église apostolique et romaine, Champlain finira en dévot qui, juste avant de mourir le jour de Noël 1635, déshéritera sa femme au profit de la Vierge Marie et de l'église Notre-Dame-de-la-Recouvrance. Son confesseur lui rappelait constamment ses origines protestantes.

Champlain arrive le 3 juin 1608 à Tadoussac. Les Indiens l'accueillent par des festivités qui le déconcertent. Les Algonquines dansent nues devant les nouveaux venus et les hommes festoient de même. Champlain remonte d'abord le Saguenay mais est rebuté par cette terre inhospitalière. « De vrais déserts inhabitables, dit-il, peuplés d'animaux et d'oiseaux. » Il remonte alors le Saint-Laurent sur des barcasses, jusqu'à la rivière Saint-Charles ou Sainte-Croix. L'obsession est toujours d'aller vers l'ouest pour découvrir un passage vers la Chine. Tout le monde veut aller en Asie. Un explorateur français a même constamment dans sa malle un costume de mandarin, au cas où... Champlain fait halte à Stadaconé, le 3 juillet, parce qu'il est difficile d'aller plus loin, et il décide de construire son « abitation » sur le cap Diamant. « Rien de surprenant à ce que le pilote de J. Cartier [quelque soixante-dix ans plus tôt] se soit exclamé en français normand : "*Qué bec !*" (Quel bec !), comme quelques-uns le supposent. Chaque voyageur, aujourd'hui, emploie la même expression. On dit que sa soudaine apparition, au tournant de la pointe de Lévis particulièrement, fait une impression mémorable sur celui qui arrive par voie fluviale. La vue du cap Diamant a été comparée par des voyageurs européens aux sites les plus remarquables du genre en Europe, tels le château d'Édimbourg, Gibraltar, Cintra et d'autres, et par plusieurs jugée plus belle [1]. »

Une autre interprétation veut que Kébec signifie en langue indienne, « rétrécissement » ou « y a rien là ». En fait, le cap Diamant est un lieu de passage depuis le premier millénaire avant notre ère. Depuis le XIIIe siècle après J.-C., les occupants alentour étaient des sédentaires. La pointe de Québec, au sol peu favorable à l'agriculture, était réservée aux loisirs. Les Indiens avaient ouvert une voie d'accès au sommet de la falaise qui constituait un observatoire exceptionnel à 98 m au-dessus d'un port naturel. *« De l'isle d'Orléans jusques a Quebecq y a une lieue, écrit Champlain dans son récit de voyage. J'y arrivay le 3 juillet, où estant, je cherchay lieu propre pour notre abitation mais je n'en peu trouver de plus commode, ny mieux situé que la pointe de Quebecq, ainsi appelée des Sauvages, laquelle estoit remplie de noyers. »*

Le complot contre Champlain

Champlain et Québec l'ont échappé belle. « Si Antoine Natel n'eut pas été poussé à aller faire des aveux au capitaine Testu, sur la plage du Cul-de-Sac, un après-midi de 1608, il n'y aurait probablement pas eu de Québec, pas de Nouvelle-France, pas de nation canadienne », écrit l'historien sir Thomas Chapais. Champlain a failli, en effet, tomber victime d'un complot. Peu après le début des travaux pour construire l'« abitation », quelques hommes, soudoyés par les Basques et les Espagnols qui pêchent la morue mais ne dédaignent pas pour autant le commerce des fourrures, rendus furieux par le monopole de la

1. Henry David Thoreau, *Un Yankee au Canada*, Éd. de l'Homme, 1962.

Compagnie française, tentent de tuer Champlain. Antoine Natel vend la mèche. Le chef de la conjuration, le serrurier Jean Du Val, ou Duval, est pendu, étranglé. Sa tête est promenée à la pointe d'une pique avant d'être plantée au lieu le plus haut du fort. Les trois autres comploteurs sont renvoyés en France.

Des éléments en bois de la première « abitation » ont déjà été assemblés à Honfleur, avant le départ, par des spécialistes de ce qu'on n'appelait pas encore le préfabriqué. Le plan est de la main de Champlain. Il comprend trois corps de logis aux toits pentus, un cadran solaire et un pigeonnier. Une galerie fait le tour du bâtiment au niveau du premier étage. Ce petit fort est entouré d'un fossé de cinq mètres de large et le pont-levis qui y donne accès est relevé tous les soirs. De plus, une palissade composée de pieux et protégée par des canons est censée assurer la sécurité des habitants. En septembre 1608, le drapeau flotte sur le logement de Champlain. C'est sur les fondations de la maison de Champlain que sera construite en 1688 l'église Notre-Dame-des-Victoires, sur la place Royale où l'on peut voir encore, dessiné par un dallage polychrome, l'emplacement de la première « abitation ».

Il n'est pas sûr qu'Henri IV, qui est assassiné en 1610, ait jamais su que Champlain avait fondé Québec, pour la plus grande gloire de la France. Pourtant à Paris, Marc Lescarbot avait publié dès 1609 son *Histoire de la Nouvelle-France*. Champlain, lui, attendra encore quatre ans avant de livrer ses « voyages » au Canada, sous le titre complet : *Voyage du sieur Champlain, Saintongeais, ou Journal très fidèle des observations faites et découvertes de la Nouvelle-France en cherchant un chemin par le nord pour aller à la Chine*. Toujours l'obsession de l'Asie !

Les conditions de vie sont terribles. Sur les vingt-huit hommes qui passent le premier hiver à Québec – on dit hiberner –, dix-sept périssent du scorbut et de la dysenterie. Quand Champlain revient, en 1620, avec sa jeune femme, Hélène Boullé, la première « abitation » est en piteux état. Il lance la construction d'un deuxième fort, en pierres celui-là. Le bâtiment principal, carré, est flanqué de deux tourelles. Il rappelle une gentilhommière de la petite noblesse française. Il est à moitié terminé quand Champlain, qui a entrepris une sorte de navette entre le Canada et la France – il traversera vingt-trois fois l'Atlantique –, est de retour.

Il faudrait peupler la colonie. À Paris, personne ne s'en soucie vraiment. Le premier colon arrive en 1617, avec sa famille, tandis que la priorité est donnée aux marchands qui ne s'établissent pas. Et aux religieux. Toujours soucieux de faire oublier ses origines protestantes, Champlain s'est « efforcé de rechercher quelques bons religieux qui eussent le zèle et affection, à la gloire de Dieu ».

De bons sujets et de bons chrétiens

Les plus prompts à répondre sont les récollets qui sont au Canada dès 1615. Les jésuites suivent, dix ans plus tard. En attendant l'arrivée hypothétique d'une population européenne, les Indiens qui sont quelque vingt-cinq mille au Québec au début du XVIIe siècle pourraient être sédentarisés. En 1616, on ne compte qu'une cinquantaine d'Européens. Faute d'impulsion parisienne, Champlain prend les devants : « Alors, je jugeai à part moi que ce serait faire une grande faute si je ne m'employais pas à préparer à ces peuples arrêtés et amateurs de labourage de la terre, n'ayant ni foi ni loi, vivant sans Dieu et sans religion, comme bêtes brutes, quelque moyen pour les faire parvenir à la connaissance de Dieu », et en faire des bons sujets du roi de France.

Il est convaincu que les Français ont besoin des Indiens non seulement pour fournir les fourrures qui représentent la principale ressource – le Canada doit exporter cent mille peaux par an –, mais pour servir de guides dans la découverte du pays, car il s'agit toujours et encore de progresser vers l'ouest, en direction de... la Chine. Le succès est limité. Quelques années plus tard, Marie Guyart, dite mère Marie de l'Incarnation, prononcera une phrase promise à la célébrité : « Il est plus facile de faire un Sauvage avec un Français qu'un Français avec un Sauvage ! »

Si l'on veut peupler la colonie, ça manque singulièrement de femmes. Champlain s'en étonne : « Je ne peux pas comprendre pourquoi autant de gens les considèrent comme des quantités négligeables alors qu'ils sont incapables de se débrouiller sans elles. » Pour pallier ce manque, Champlain lance aux Indiens : « Nous marierons vos filles ! » Dans les moments où ils sont bien disposés à l'égard des Européens, les Indiens répondent favorablement : « S'ils veulent se marier en nos pays, les Français y trouveront des femmes. »

C'est Richelieu qui donne vraiment le coup d'envoi de la colonisation. Contrairement à d'autres autorités de la Cour, il n'est pas hostile au peuplement du Canada. Il crée la Compagnie de la Nouvelle-France, appelée aussi Compagnie des Cent-Associés, pour la traite des fourrures. Le développement du commerce suppose des installations fixes, donc une présence permanente. Quatre mille colons, hommes et femmes, doivent quitter la France pour le Canada au cours des quinze années suivantes. La traversée leur est payée. La nourriture et le logement assurés pour trois ans. Après six ans, le titre de maître qu'ils auront acquis outre-Atlantique sera valable dans la mère patrie.

Malheureusement, la décision du cardinal porte ses fruits quand commencent la guerre avec l'Angleterre et la première occupation britannique du Québec. Les trois frères Kirke, David, Thomas et Lewis, des aventuriers au service de la Company of Adventurers of Canada, veulent établir une colonie à Tadoussac, donc chasser les Français du pays. Un navire transportant quatre cents immigrants engagés par la Compagnie de la Nouvelle-France, dont Québec aurait eu grand besoin, est arrêté près de Tadoussac. Il se rend. Le 19 juillet 1629, trois bâtiments anglais se présentent devant Québec. Jacques Michel, un huguenot français qui s'est chamaillé avec Champlain et le père jésuite Brébeuf – on dira plus tard de ce dernier qu'il a eu le cœur mangé par les Iroquois –, a servi de pilote aux frères

Kirke pour remonter le fleuve. Ayant épuisé ses vivres, Champlain capitule. Il ne sait pas que la guerre entre la France et l'Angleterre est finie en Europe et qu'il aurait pu invoquer cette trêve pour rester à Québec.

Le Canada devient anglais pour trois ans. Ce n'est pas la dernière fois que la Nouvelle-France sera victime des conflits menés sur le Vieux Continent par la métropole et que celle-ci sacrifiera ses sujets lointains à ses intérêts immédiats dans son voisinage. L'inverse aussi fut vrai. Moins souvent. La paix en Europe peut parfois profiter aux Français d'outre-mer. C'est le cas en 1632. Le traité de Saint-Germain-en-Laye met fin à l'occupation britannique de la Nouvelle-France. La France recouvre le Canada et l'Acadie, un immense territoire dépeuplé. Champlain revient à Québec l'année suivante, comme gouverneur de la Nouvelle-France, avec deux cents personnes, dont quelques soldats. Il fait immédiatement construire une petite chapelle en bois, Notre-Dame-de-la-Recouvrance. Après des incendies, des démolitions et reconstructions diverses, cette chapelle deviendra la basilique-cathédrale Notre-Dame du Québec. On voit encore son baldaquin style Louis XIII et la lampe du sanctuaire, don de Louis XIV.

Québec a été détruite par les frères Kirke. Champlain veut maintenant en faire une véritable ville et construire trois forts à des endroits stratégiques : le cap Diamant, la pointe de Lévis et Tadoussac. Il n'en aura ni le temps ni les moyens. Il s'éteint le 25 décembre 1635, sans savoir que le roi a décidé de le remplacer par Charles Huault de Montmagny. On ne sait toujours pas où se trouve sa sépulture. Il a été enterré, déterré, réenterré...

Querelle d'Indiens

Après le départ des Anglais, les Indiens reviennent pour la traite des peaux. Afin de concurrencer Tadoussac, un établissement est créé à Trois-Rivières, « l'un des plus beaux endroits de tout le pays ». La volonté de Champlain de bonne entente avec les Indiens ne résiste cependant pas longtemps à la concurrence entre les nations indigènes qui subissent les effets négatifs de la présence des Blancs – les virus et les bactéries des Européens tuent les Hurons dont le nombre passe de trente mille à douze mille entre 1634 et 1639 –, à la méfiance vis-à-vis des Blancs et à l'hostilité entre les puissances européennes qui se livrent en Amérique des batailles par procuration. Les Anglais sont prêts à payer plus cher que les Français les peaux vendues par les Indiens et leur proposent en échange des produits plus variés et de meilleure qualité. Avec les Hollandais, ils arment les Iroquois hostiles aux Français et à leurs alliés indiens. Le gouverneur Montmagny a l'idée géniale d'interdire la vente des armes à tous les Indiens, y compris à ceux qui se battent aux côtés de ses compatriotes, affaiblissant ainsi le front anti-iroquois ! La Ligue des Cinq-Nations, regroupée autour des Iroquois, s'est promis de détruire l'Huronie. La guerre dure vingt-cinq ans, jusqu'en 1666, rendant impossible la mise en valeur des terres et tuant 10 % de la population, ce qui évidemment n'encourage pas les vocations de colons. La population européenne du Canada passe pourtant de 300 à 2 500 habitants entre 1641 et 1663, la moitié grâce aux immigrants, dont la moitié encore vient du Perche et de la Normandie.

En 1642, à l'emplacement du village indien d'Hochelaga, qui a disparu, sur une île de 40 km de long et 15 km de large, est fondée Ville-Marie, qui deviendra Montréal, un comptoir de traite pour les fourrures. Jacques Cartier avait baptisé mont Royal la montagne surplombant l'île. Le géographe italien Giovanni Batista Ramusio a, en 1556, traduit sur une carte *Monte Reale*. Ville-Marie est de nos jours un quartier de Montréal. Le fondateur en est un Champenois, Paul de Chomedey, sieur de Maisonneuve. L'initiative revient à la société Notre-Dame de Montréal qui veut évangéliser les Iroquois et toute l'Amérique du Nord au nom du roi de France. Jeanne Mance fonde l'hôpital. Une autre dame pieuse crée une école pour jeunes Françaises et Indiennes. C'est que la guerre avec certains Indiens se mène par intermittence. Dans les phases de paix, on commerce, on se fréquente et on échange des cadeaux, le fameux wampum... Le wampum est une ceinture ou un collier indien, appelé aussi « parole ». Il a une valeur symbolique et diplomatique. Il est offert pour sceller un traité. À l'origine, il était en tissu. Petit à petit, il sera constitué de matériaux et d'objets venus de France, des perles par exemple. On l'appelait aussi « ceinture fléchée ». Après la conquête britannique, les francophones le porteront parfois en signe de protestation.

En juillet 1645, le chef agnier (mohawk), Kiotseacton, dit Le Crochet, est accueilli à Trois-Rivières : « Je trouve de la douceur dans vos maisons, raconte-t-il. Ce capitaine me dit que je suis ici comme dans mon pays. Cela est bien éloigné de la vérité, que je suis ici comme dans ma maison ; c'est une espèce de menterie. Je fais ici tous les jours bonne chère ; je suis continuellement dans des festins : je ne suis pas ici comme dans ma maison. »

En avril 1660, Adam Dollard des Ormeaux et une bande de seize jeunes gens partent de Montréal faire « une petite guerre aux Iroquois ». Il est tellement certain de revenir de cette expédition qu'il signe un « billet, une reconnaissance de dettes, en promettant de la payer à son retour ». Il n'en aura pas l'occasion. Ayant tiré sur un parlementaire iroquois venu négocier, il sera tué par les Indiens. Qu'il n'ait été qu'un aventurier ou qu'il soit tombé en héros, il est considéré comme un martyr de la Nouvelle-France.

Le régiment Carignan-Salières

Pour mettre fin aux incessantes escarmouches avec des Iroquois revenus dans la vallée du Saint-Laurent au milieu du XVIIe siècle, le roi Louis XIV envoie en 1665 le régiment Carignan-Salières. Vingt-quatre compagnies, mille deux cents à mille trois cents hommes, avec des capitaines auxquels le souverain attribuera des seigneuries. Plus que la population du Québec et plus d'un tiers de la population d'origine européenne de la Nouvelle-France. Le régiment compte dans ses rangs beaucoup de protestants, qui, pas plus que les juifs, n'ont le droit « d'hiberner ».

Les Indiens évitent les attaques frontales. Ils « viennent en renards dans les bois. Ils attaquent en lions. Ils fuient en oiseaux, raconte un jésuite. Ils passeraient en plein midi devant Québec que l'on ne pourrait pas ni courir après eux, ni recouvrer les captifs ». La répression anti-indienne est féroce. Le régiment Carignan-Salières est bien entraîné. Il revient d'une campagne victorieuse contre les Ottomans. Outre-Atlantique aussi, il s'agit de combattre les infidèles. « On leur a fait comprendre que c'est une guerre sainte », écrit Marie de l'Incarnation, née Marie Guyard, dont on connaît les récits par les lettres envoyées à son fils, où il ne s'agit que de la gloire de Dieu et du salut des âmes. Le vice-roi, le marquis Alexandre de Prouville de Tracy fait incendier le plus grand village des Agniers, une tribu de la nation iroquoise. Les huit à neuf cents familles qu'il abritait ont pris la fuite dans les bois mais d'immenses provisions de maïs sont détruites. Quatre cents Indiens mourront de faim au cours de l'hiver. De retour à Québec Prouville fait chanter un *Te Deum*.

L'année suivante, en 1667, une paix est conclue qui durera dix-sept ans, non sans quelques incidents sanglants. En 1669, trois Français sont fusillés après avoir tué un sachem pour lui voler ses fourrures. Un an ne s'est pas écoulé qu'un grave conflit est évité grâce à l'entremise d'un chef montagnais, Garakontié, qui, du coup, reçoit le baptême de l'évêque de Québec, Mgr François de Laval. En 1670, le gouverneur Joseph-Antoine Le Febvre de La Barre se rend chez les Iroquois. Il vient « pour se promener mais il pourrait bien venir pour les détruire s'ils sortaient de leur devoir ». En 1682, l'agitation reprend. Inquiet de la concurrence anglaise qui menace le commerce des fourrures, le gouverneur fait moins le fier et conclut avec les Indiens une nouvelle paix, la paix de l'anse de la Famine, considérée comme « honteuse » à Paris. Il est rappelé en 1685.

Entre-temps, la guerre a repris sur le Vieux Continent entre la France et l'Angleterre. Le gouverneur de New York, sir

Edmond Andros, est le premier à l'apprendre. Il mobilise les Iroquois contre les Français qui ne sont pas encore au courant des nouvelles d'Europe. Le 5 août 1689, c'est le massacre de Lachine. Le village, avant-poste de la défense de Montréal, qui n'est toutefois pas fortifié, est attaqué par mille cinq cents guerriers iroquois et incendié. Vingt-quatre habitants d'origine européenne sont tués, quarante sont fait prisonniers. Un supérieur des sulpiciens assure que les Indiens « firent brûler cinq Français, firent rôtir six enfants, et d'autres griller sous la cendre, et les mangèrent ». Il s'agit de la première manifestation au Canada de la nouvelle guerre franco-anglaise qui vient d'éclater en Europe. Frontenac est renvoyé au Québec. Le vieux soldat, qui a maintenant soixante-sept ans, veut se venger. À la tête d'une petite troupe de cent quatorze Canadiens, d'Iroquois chrétiens de la mission du Sault-Saint-Louis et de quelques Algonquins, il attaque le village fortifié de Schenectady, en Nouvelle-Angleterre et le détruit, assassinant une soixantaine d'hommes, de femmes et d'enfants, « de manière barbare », raconte un colon anglais.

Les Anglais s'en prennent alors directement aux Français. À l'automne 1690, l'amiral William Phips arrive devant Québec à la tête d'une armada partie de Boston avec trente-quatre navires et deux mille hommes. Il exige la reddition de la ville. Frontenac est catégorique : « Je n'ai point de réponse à faire que par la bouche de mes canons et à coups de fusil. » On se bombarde de part et d'autre. Phips a perdu six cents hommes alors que du côté français on déplore seulement six victimes. Par peur de l'hiver, il lève l'ancre le 24 octobre sans avoir réussi à prendre la ville et s'en remet de nouveau aux Iroquois pour combattre les Français.

Un sauvage « que de nom »

Ces guéguerres épuisent les Français, freinent la venue de colons et empêchent le développement du Canada. Les Iroquois aussi sont inquiets car leurs alliés hollandais se retirent d'Amérique du Nord. Dans l'adversité, ils sont divisés. Le gouverneur Frontenac en profite pour détruire quelques villages dans la région des Grands Lacs. Ces sacs font perdre aux Iroquois leurs récoltes et leurs stocks de vivres. Frontenac décide que c'est le moment de faire la paix. Il mène bon train les préparatifs mais c'est son successeur qui conclut en 1701 la paix de Montréal.

Les premières négociations commencent en 1697. Les Iroquois du Long-Sault et des Indiens Onneiouts viennent discuter à Montréal. Quelques Agniers leur emboîtent le pas. Le gouverneur veut une paix globale dans toute la région, pas de ces petits arrangements éphémères, comme par le passé. Les hostilités doivent cesser non seulement entre les Blancs et les Indiens, mais aussi entre les nations indiennes. À l'été 1701, une quarantaine de chefs viennent à Montréal négocier avec le nouveau gouverneur, Louis-Hector de Callière. Le chef huron Kondiarok, dit Le Rat, met dix ans à convaincre les chefs de guerre indiens qu'une trêve s'impose pour que les frères puissent reconstituer leurs forces. Il lui faut aussi convaincre les nations de l'Ouest de ramener tous les prisonniers à Montréal. Son intervention est déterminante, comme sa mort, peu de temps après les premières rencontres, qui donne lieu à des funérailles grandioses, comparables à celles de Frontenac, trois ans plus tôt, scellant une sorte de pacte entre les Indiens et les Français. Le commissaire de la marine, Bacqueville de La Potherie, écrit son oraison funèbre : « S'il fut né français, il était d'un caractère à gouverner les affaires les plus épineuses d'un État fleurissant. Ses paroles étaient autant d'oracles, et quand les Iroquois savaient qu'il se mettait en mouvement pour faire coup sur eux, ils évitaient d'en venir aux prises avec lui. Il avait les sentiments d'une belle âme et il n'était sauvage que de nom. »

Des dizaines de délégations et plus d'un millier d'Indiens convergent vers Montréal. Pendant deux semaines, ce ne sont que rituels, chants, danses, parades et longs discours, tous plus passionnés les uns que les autres. Le gouverneur Callière accueille les délégués. Il a mis tout en œuvre pour offrir aux Indiens une réception royale. Si la rencontre se déroule selon les rites indiens, avec cérémonie en hommage aux morts et échange de cadeaux, Callière s'est fait accompagner de militaires, d'interprètes, de missionnaires et de notables, qui donnent à cette foule une allure bigarrée et même bon enfant. Des banquets sont organisés sous des chapiteaux. Après deux semaines d'agapes est signée « la paix du temps des fraises » pour les Indiens qui paraphent l'accord avec leurs totems, « la paix de Montréal » pour les Français. Le sujet le plus difficile est la restitution des prisonniers. Les Indiens avaient l'habitude de les garder pour remplacer leurs guerriers morts puis de les manger. « Je ne t'amène point d'Iroquois car j'ai mangé tous ceux que j'ai pris », déclare un chef outaouais sinago à l'interprète de Callière. Désormais, les Indiens se tourneront vers le gouverneur français pour régler leurs différends et ils resteront neutres dans les querelles entre les Français et les Anglais. Les efforts des hommes politiques, mais aussi la fraternité née dans les premiers temps de la conquête entre les chasseurs européens et les Indiens, avaient fini par porter leurs fruits.

Chapitre 3

Des castors et des hommes

Chair ou poisson ? Dans la vie des Indiens, le castor tient une place essentielle. Il est bon pour tout. « Le castor fait toutes choses parfaitement bien, explique un chef montagnais. Il nous fait des chaudières, des haches, des épées, des couteaux, du pain, il fait tout. » Dans le castor, tout est bon. Les Indiens utilisent toutes les parties du corps de ce petit animal qui vit dans l'eau, pour se nourrir, se vêtir, chasser et guerroyer. Les glandes sont utilisées par les guérisseurs. Les premiers Européens qui débarquent au Canada, s'aperçoivent très vite des qualités de la bête. Jusqu'au XVIe siècle, ils s'intéressaient surtout à la pêche à la morue, surnommée « le bœuf de la mer », qui cependant exigeait de la main-d'œuvre et un minimum d'installations pour le séchage. La traite des fourrures est plus simple. Les peaux sont déjà préparées par les Indiens quand elles arrivent sur le marché. L'abandon des lois somptuaires dans les années 1590, qui réservaient en Europe le port de la fourrure aux seules classes supérieures, donne une impulsion au commerce des pelleteries. Le chapeau aux larges bords de feutre se « démocratise ». Le duvet de castor est particulièrement adapté à cet usage. Les hommes aventureux qui osent traverser l'Atlantique ne tardent pas à apercevoir tout le bénéfice qu'ils peuvent tirer du commerce des peaux de castor et d'autres animaux, les ratons, les chevreuils, les rats musqués, les martres, les loups-cerviers, les loutres, les renards et les ours... Les profits sont multipliés par dix.

Les Indiens, qui ont quelques longueurs d'avance dans l'exploitation du castor, comprennent aussi qu'ils vont profiter des échanges avec les Blancs. Avant même l'arrivée des Européens, ils organisaient dans la vallée du Saguenay de grandes foires qui étaient l'occasion de retrouvailles et de fêtes. L'une d'elles se tient chaque année à Tadoussac, là où la rivière se jette dans le Saint-Laurent. Une autre à Chicoutimi, plus au nord, en remontant le Saguenay. Après 1600, les Français, emmenés par Pierre Chauvin, y participent. Les Indiens se moquent de leur engouement pour la peau des castors. Eux, les mangent. Ils n'ont pas vraiment l'embarras du choix. Quand les vivres apportées de la métropole sont épuisées, les Français non plus. Très vite la question se pose : le castor est-il un mammifère ou un poisson? Question d'importance, car il y a à l'époque 140 à 150 jours de jeûne par an. L'évêque de Québec, Mgr François de Laval, demande aux théologiens de la Sorbonne de trancher. Ceux-ci en discutent longuement et consultent les médecins de l'Hôtel-Dieu. Quelques mois plus tard, le verdict tombe : le castor est un poisson. Cela se voit... à la forme de sa queue. Les bons catholiques français qui hibernent au Canada peuvent en manger, y compris les jours de jeûne, sans tomber dans le péché.

Les Indiens s'organisent. Pour répondre aux besoins croissants des traiteurs, ils fondent une classe de chasseurs-commerçants. Afin de brider la concurrence, les puissances européennes financent des compagnies auxquelles elles accordent des monopoles. Les Amérindiens luttent contre la compétition en éliminant leurs rivaux. Les Algonquins et les Montagnais appartenant à la nation huronne chassent les Iroquois de la vallée du Saint-Laurent, en les refoulant vers les Grands Lacs. Ils assimilent très vite les lois de l'offre et de la demande. Au milieu du XVIIe siècle, ils créent une pénurie artificielle dans les fourrures et pelleteries pour faire monter les prix. De plus ils attendent qu'il y ait beaucoup de bateaux dans la rade de Tadoussac pour mettre les peaux sur le marché et faire jouer la concurrence entre les acheteurs.

En 1633 a lieu la première grande foire aux fourrures de Québec organisée par les Européens. Cent soixante canots sont amarrés dans le port. Cinq cents Hurons avec à leur tête soixante chefs, ainsi que d'autres nations indiennes, participent aux échanges. « Le premier jour qu'ils arrivent, raconte un témoin, ils font leur cabane, le second ils tiennent leurs conseils et font leurs présents ; le troisième et quatrième ils traitent ; ils vendent, ils achètent, ils troquent leurs pelleteries et leur pétun (tabac) contre des couvertures, des haches, des chaudières, des fers de flèche, des chemises, et choses semblables [...] Ils prennent encore un jour pour leur dernier conseil, pour le festin qu'on leur fait ordinairement, et pour danser, et puis le lendemain du grand matin ils passent comme une volée d'oiseaux. » Un peu plus tard, ils échangeront les peaux de castor contre des armes à feu, six peaux pour un fusil du côté français. Les bijoux en argent deviennent aussi des monnaies d'échange avec les Indiens, ce qui provoque un essor de l'orfèvrerie. « De l'autre côté de la montagne [les Appalaches] », c'est-à-dire chez les Anglais, les conditions du troc sont meilleures. Quoi qu'il en soit, on estime qu'un écart de 800 à 1 000 % sépare la valeur des marchandises du troc des prix de vente de la fourrure sur le marché européen. Tous frais déduits, les profits sont de l'ordre de 20 à 40 % pour les compagnies comme pour les traiteurs. Se jouant des cycles économiques, les peaux – des millions envoyés chaque année en Europe – représentent encore 70 % des exportations canadiennes au milieu du XVIIIe siècle.

Un emblème

En 1678, Frontenac propose pour la ville de Québec des armoiries contenant un castor, celui-ci étant à son avis un emblème approprié pour la colonie. Le castor fut également inclus dans les armes de la ville de Montréal en 1833, lorsqu'elle devint une municipalité autonome. Le petit rongeur a aussi figuré aux côtés de la feuille d'érable dans le frontispice du journal *Le Canadien*, publié au XIXe siècle dans le Bas-Canada.

Avec le commerce des peaux et les échanges avec les Indiens apparaît une figure légendaire de l'histoire canadienne qui joue un rôle dans l'imaginaire québécois jusqu'à nos jours : le « coureur des bois ». Il est à la jonction entre les nouveaux arrivants qui viennent d'Europe et les autochtones, dont il partage le style de vie. L'abbé Henri-Raymond Casgrain, un des plus militants propagandistes de la *manifest destiny* française en Amérique du Nord, écrit au XIXe siècle un « hymne au coureur des bois », tandis que des jeunes gens refont chaque année la route des « voyageurs » – c'est ainsi qu'on appelait aussi les coureurs des bois, qui ne se contentent pas d'aller à la découverte de la vallée du Saint-Laurent mais qui s'enfoncent loin vers le nord et vers l'ouest, à l'intérieur du continent. Les premiers cherchaient encore ce fameux passage vers l'Asie... Ils mènent une vie libre, exaltante, loin de toute contrainte de la société... et de l'Église. Ils chassent, pêchent, s'adonnent à la cueillette. Ils rapportent les fourrures des animaux qu'ils ont tués ou qu'ils ont achetés aux Indiens, avec lesquels ils vivent en symbiose, sinon toujours en bonne intelligence. « Au premier temps, les Français allaient seulement chez les Hurons, et depuis à Missilimakinak, où ils vendaient leurs marchandises aux Sauvages des lieux, qui ensuite les allaient échanger à d'autres Sauvages dans la profondeur des bois et rivières ; mais à présent lesdits Français, porteurs de congés, pour profiter davantage, passent sur le ventre de tous pour aller eux-mêmes chercher les nations les plus éloignées [...] C'est aussi cela qui a fait faire de belles découvertes, et quatre ou cinq cents jeunesses, des meilleurs hommes du Canada occupent ce métier. Ils nous ont donné la connaissance de plusieurs noms de Sauvages, que nous ne connaissions point, et à quatre ou cinq lieues plus loin, il y en a encore d'autres qui nous sont inconnus », raconte un mémoire de 1697.

Les coureurs des bois sont proches des Sauvages, du latin *salvaticus*, homme des bois, et en contact avec les « pourvoyeurs » qui leur servent de guide et vivent dans des « pourvoiries », des habitations en bois au bord des lacs et dans les forêts. Elles ont été transformées aujourd'hui en auberges de luxe pour riches touristes épris de pêche, de chasse et de randonnées dans la nature.

On appelait aussi les coureurs des bois « hommes libres », en tout cas ceux qui se fixaient définitivement dans leur vie nouvelle et n'avaient pas l'intention de revenir à la « civilisation ». Ils parcouraient jusqu'à soixante-dix kilomètres par jour, en se nourrissant d'une pinte de maïs et d'une once de graisse. « Les hommes commencent à courir les bois de même que les Sauvages et il y en a même qui sont aussi habiles qu'eux, écrit le chevalier de Baugy. Je vous dirai pour ce qui est des gens de ce pays qu'ils sont fort doubles, tenant du Sauvage, de grands coureurs qui, pour la plupart, ne savent ce qu'ils disent, la plupart faisant [se prétendant] gentilshommes; comme ils ne sont nullement d'accord ensemble, il faut les entendre parler les uns des autres; c'est à qui se déchirera le mieux et l'on a que faire de leur donner la question pour tout savoir. » Bref, « ils ne font que courir les bois où ils font une infinité de désordres ».

Les Sauvages sont passés

À la fin du XVIIe siècle, un tiers des hommes adultes du Canada pratique la « course des bois ». La population errante est estimée entre 500 et 800 personnes. Cet attrait d'une vie libre au grand air porte préjudice à la colonisation du pays, à la culture de la terre que les hommes délaissent pour les plaisirs de la vie nomade. Les autorités politiques s'inquiètent de cette fuite de la main-d'œuvre potentielle. Pour être coureur des bois, il faudra désormais une autorisation de l'intendant qui l'accordera seulement contre la présentation d'un contrat de mariage. Les autorités religieuses s'indignent du relâchement des mœurs. Le « mauvais exemple » donné ainsi aux indigènes compromet les efforts d'évangélisation des missionnaires. Le coureur des bois se livre à la « polygamie itinérante », une Indienne par étape. « Après cinq miles, je ne suis plus marié », disaient les coureurs des bois. Quand une femme accouchait, on disait : « Les Sauvages sont passés. » L'expression est restée jusque dans les années 1950. Elle datait de l'époque où les Sauvagesses engrossées par les Français déposaient leur bébé devant une maison de Blancs, n'importe laquelle.

En même temps, ces coureurs des bois rendent de grands services, en faisant office d'intermédiaires entre les Français et les Indiens, qui leur apprennent la manière de s'adapter à une nature ingrate, à chasser, à pêcher, à attraper les animaux, à se soigner avec les moyens de la médecine traditionnelle, à se déplacer l'hiver dans plusieurs mètres de neige ou à naviguer sur les fleuves. Les Indiens maîtrisent la navigation dans des canots, ces « chemins qui marchent ». Ils savent traverser le Saint-Laurent qui, en hiver, charrie des blocs de glace sans geler en son milieu. Ils abordent les grandes plaques glacées, les sondent avec leurs avirons, montent dessus, tirent leurs canots pour repartir sur l'eau de l'autre côté. Malgré leur habileté, il en est qui se noient. Les coureurs des bois ont appris à se servir de « raquettes », « ces chaussures faites par les Sauvages qui sont fort commodes ». De « grands patins », comme dit le père Le Jeune. Il espère arriver à marcher avec eux, bien qu'il craigne que « à tous les coups il donne du nez dans la neige ». Les coureurs des bois deviennent des familiers de la forêt, connaissent les passages, peuvent dresser des cartes.

Un jésuite, Joseph-François Lafitau découvre une plante miracle, le ginseng. Il apprend que les Chinois en consomment beaucoup qu'ils font venir de Corée. Il pense qu'il y en a dans la vallée du Saint-Laurent car les Iroquois l'utilisent à cause de sa « vertu de rendre les femmes fécondes ». En quelques années, le prix du ginseng est multiplié par vingt-cinq. L'appât du gain est alors le plus fort. Les Canadiens ne respectent pas les périodes de cueillette et de séchage de cette plante fragile. On doit la cueillir en septembre et la laisser sécher lentement en la retournant plusieurs fois par jour. Les Canadiens la cueillent en mai et la sèchent au four. Adieu les vertus aphrodisiaques ! « Tous les habitants de la campagne, y compris les Sauvages, négligent tout pour s'y adonner. C'est une fureur aujourd'hui, et malheureusement on n'attend point qu'elle soit mûre pour la cueillir. De là, il arrivera que sa qualité dégénère et qu'on perdra l'une des productions les plus capables d'enrichir le pays », regrette l'ingénieur Louis Frauquet. Et en effet les Chinois cessent de s'approvisionner au Canada. L'industrie du ginseng disparaît en 1752. L'intendant Hocquart, qui disait que « le Canadien n'aime pas le travail de durée et qui attache », avait raison. Comme quelques années plus tard, le père Charlevoix qui remarquera : « La légèreté, l'aversion du travail assidu et réglé, et l'esprit d'indépendance en ont fait sortir un grand nombre de jeunes gens et ont empêché la colonie de se peupler. Ce sont les défauts qu'on reproche le plus, et avec le plus de fondement, aux Français canadiens. C'est aussi celui des Sauvages. On dirait que l'air qu'on respire dans ce vaste continent y contribue. »

Il est vrai que l'esprit des coureurs des bois inspiré par les Indiens souffle sur le Canada, démentant les images d'un peuple « arrêté », comme disait Champlain à propos des Sauvages, et soumis à l'autorité. Les Canadiens ont plutôt tendance, sinon à se rebeller, du moins à ignorer le pouvoir, qu'il soit temporel voire spirituel. Le clergé en souffre. Des paroissiens refusent de payer la dîme ; d'autres s'absentent de la messe et se soustraient aux sacrements.

La crise du castor

Les coureurs des bois et les compagnies subissent un mauvais coup quand la mode change en Europe, au début du XVIIIe siècle. Les chapeaux aux larges bords sont remplacés par des couvre-chefs aux rebords plus étroits qui consomment moins de duvet de castor. Les prix s'effondrent. Les Indiens ne comprennent pas, ou ne veulent pas admettre ce retournement de la conjoncture. Ils réclament des prix toujours aussi élevés pour leurs marchandises, si bien que les compagnies doivent vendre à perte.

Les postes que le pouvoir français a disséminés le long des grands axes en subissent le contrecoup. Il y a cinq postes sur les 400 km séparant Tadoussac du lac Mistassimi, que l'on parcourt en vingt jours de canot le long du Saguenay. Un des objectifs des postes est d'empêcher le « coulage du castor », autrement dit la contrebande. Les deux personnages principaux de l'activité commerciale sont le locataire et le commis. Le locataire appartient au groupe des grands marchands de la place Royale à Québec. Il est en relation avec les chapeliers et les fourreurs de Paris, Rouen, puis Londres. Il réalise quelque 11 000 livres de bénéfices par an. Le commis est responsable du fonctionnement d'un poste. Il gagne de 600 à 800 livres par an, soit l'équivalent de 2 400 à 4 000 dollars.

Le premier bateau

La traite des fourrures a lieu deux fois par été, en juin et en août, selon l'arrivée des bateaux et des canots de marchandises. Elle s'accompagne pendant cinq à six jours de tout un rituel de banquets et d'échanges de cadeaux. Le missionnaire en profite pour administrer les sacrements. L'hiver, les occupants du poste vivent en circuit fermé. Ils hibernent. Ils chassent le petit gibier, fabriquent de la bière d'épinette, coupent du bois pour se chauffer. Parfois un Indien malade, blessé ou à court de munitions, vient se réfugier dans le poste. Le printemps marque la reprise de l'activité commerciale. Il faut préparer les fourrures accumulées pendant l'hiver. Les Indiens ont déjà dressé leur campement quand apparaît le premier bateau. L'été, on finit de charger les navires ; on fait quelques travaux agricoles, on pêche et on cueille les fruits et les baies qui seront consommés pendant l'hiver. C'est l'époque où le poste reçoit la visite du missionnaire et de l'agent de la compagnie. L'automne, enfin, est marqué par les préparatifs de l'hibernation. On échange les derniers produits et matériels avant que les Indiens ne repartent pour leurs territoires de chasse.

Dans l'art de la guerre aussi, les Canadiens ont beaucoup appris des Indiens, ce qui leur jouera parfois de mauvais tours dans leurs conflits avec les Britanniques. L'enseigne Louis-Guillaume de Parsacau du Plessis écrit à sa femme restée en France : « On peut considérer les Canadiens comme troupes légères. Ils font la guerre à la manière des Sauvages, étant plus propres à surprendre l'ennemi et en embuscade qu'à attaquer à découvert. Ils sont robustes et habitués, dès leur bas âge, à courir les bois et à supporter les fatigues de la chasse. Les Anglais qui ne sont pas aussi alertes et aussi braves se laissent toujours surprendre parce qu'ils ne s'exercent pas comme nos Canadiens à faire la guerre dans les bois, ce qui nous donnera toujours la supériorité puisqu'on ne peut se battre que dans les bois qui couvrent toute l'étendue de ce pays, à moins de se tenir enfermés dans les forts, ainsi que les Anglais le font. » C'était manifester un bien grand optimisme sur la supériorité des armes françaises et canadiennes, même si la remarque était juste sur le fond.

Mais qu'importe ! Le mythe du coureur des bois s'est maintenu à travers les siècles. Il appartient à l'histoire du Canada français. On le retrouve au XIXe siècle quand les hommes s'en vont défricher les forêts du Saguenay et cent ans plus tard quand le Premier ministre du Québec Robert Bourassa lance la mise en valeur de l'Abitibi, avec les barrages de la baie James. Le géographe Christian Morissonneau décrit la culture québécoise comme marquée par l'appel des grands espaces, symbole du provisoire et de l'ailleurs, qui reste le rite de passage de l'*Homo canadensis*.

CHAPITRE 4

Le sachem était en noir

Dans l'équation de l'identité québécoise proposée par Yvan Lamonde : $Q = - F + GB + USA^2 - R$, le R qui marque la dépendance par rapport à Rome, c'est-à-dire l'influence de l'Église catholique, doit être revu à la baisse. Ce n'est pas dire pour autant que celle-ci n'existe plus. L'Église a été présente dès l'origine de la colonie, même si Jacques Cartier, en 1534, avait d'autres soucis avec sa recherche de pierres précieuses et l'obsession d'ouvrir un chemin vers la Chine, que d'évangéliser les Sauvages. Le simple appât du gain ou la volonté brute de puissance ne suffisait cependant pas pour justifier ces expéditions lointaines. De pieuses motivations ne pouvaient pas nuire, bien que le zèle religieux diminuât fortement au fur et à mesure que les déceptions matérielles s'accumulaient.

Samuel de Champlain, qui passe son temps à expier ses origines protestantes, est le premier à considérer le Canada comme une vraie terre de mission. Il lance un appel aux religieux de France pour qu'ils aillent prêcher outre-Atlantique. On sait depuis 1537 et le pape Paul III que les Indiens ont une âme ! Son prédécesseur a donné toute l'Amérique, sauf celle du Nord, aux Espagnols et aux Portugais. Les Français doivent obéir aux décisions papales et se retrouvent donc au Canada. Les Anglais, en rupture avec Rome depuis l'excommunication d'Henri VIII en 1533, se moquent de ce partage.

Les récollets, au moins, répondent avec empressement au fondateur de Québec. Les pères Denis Jamet, Jean Dolbeau et Joseph Le Caron, le frère Pacifique Duplessis arrivent les premiers le 2 juin 1615. Ils ne seront rejoints que dix ans plus tard par les jésuites. Comme la colonie ne compte encore qu'une cinquantaine d'Européens, la priorité pour l'immigration est donnée aux marchands sur les religieux. Ceux qui financent les expéditions depuis la métropole sont souvent des étrangers établis en France ou des huguenots dont le principal souci n'est pas la diffusion de la foi catholique outre-Atlantique. Ce désintérêt sert de prétexte à Richelieu, en 1627, pour les écarter des affaires et créer la Compagnie de la Nouvelle-France, dite aussi Compagnie des Cent-Associés, qui bénéficiera pendant longtemps d'un monopole sur le commerce des fourrures. Cette décision ne change rien à l'ordre des priorités. Il s'agit toujours de faire fructifier les affaires, mais pour le succès des « saintes intentions et desseins du roi, rien de mieux que des Français catholiques ». L'Europe vit à l'heure de la Contre-Réforme et de l'esprit missionnaire pour regagner le terrain perdu sur les Églises de la Réforme. Ce qui fait dire à l'écrivain et humoriste Jean Forest que « le Québec est l'enfant de la Contre-Réforme [1] ».

Des objectifs différents

Richelieu interdit aux protestants (et aux juifs) de s'installer en Nouvelle-France avec des conséquences négatives sur la démographie et l'économie canadiennes. L'historien français Pierre Chaunu considère que « l'implantation de la Compagnie de Jésus en Nouvelle-France est la principale cause de l'échec à long terme d'une Amérique française ». Le pouvoir politique n'arrive pas à choisir entre des objectifs différents, la mission apostolique, les intérêts des commerçants et les souhaits des partisans d'une colonie de peuplement qui assure à la France une présence pérenne dans le Nouveau Monde. Très pragmatiques, les protestants préféreront, quand ils en auront la

1. Jean Forest, *Chronologie du québécois*, Triptyque, 1998.

possibilité ou y seront obligés, s'établir ailleurs, contribuant ainsi à l'expansion d'autres contrées.

Ville-Marie est créée à la fois comme comptoir de traite et comme poste d'évangélisation par la société pieuse Notre-Dame de Montréal. « Comme membre de l'Église, il faut coopérer à la réduction des infidèles, c'est une chose non seulement d'édification, mais utile, nécessaire, glorieuse et de bénédiction éternelle de s'y intéresser [...]. Dieu, grand amateur de salut des hommes, qui n'a pas seulement la science du temps, mais des lieux commodes au bien des créatures, semble avoir choisi cette situation de Montréal pour y assembler un peuple de Français et de Sauvages qui seraient convertis pour les rendre sédentaires, les former à cultiver les "arts méchaniques" et la terre, les unir sous une même discipline, dans les exercices de la vie chrétienne et faire célébrer les louanges de Dieu en un désert... » Le père Le Jeune avait déjà présenté un plan de sédentarisation des Indiens qui prévoyait d'envoyer leurs enfants dans les petits séminaires. On voulait « former de bons chrétiens en même temps que de bons sujets du roi », les évangéliser et les franciser.

Les sorciers de Dieu

Faute d'immigrants venus du Vieux Continent, Colbert invite l'intendant Talon à assimiler les Indiens. Il convient, affirme-t-il, de « tacher de civiliser les Algonquins, les Hurons et les autres Sauvages qui ont embrassé le christianisme et les disposer à se venir établir en communauté avec les Français pour y vivre avec eux et selon nos coutumes ». Il faut bien reconnaître que la réussite n'est pas au rendez-vous. Les jeunes Indiennes retournent dans leurs tribus à la sortie des écoles religieuses. Dans la plupart des cas, leurs pères se font baptiser quand ils veulent consolider leur alliance avec les Français et rester amis avec les « robes noires » ou les « sorciers de Dieu », selon le nom qu'ils donnent aux missionnaires.

Comme la politique de sédentarisation n'a pas marché, que les Indiens ne viennent pas à Dieu, c'est Dieu qui ira aux Indiens. Dans les années 1640, le territoire canadien se couvre de missions. La première est ouverte à Tadoussac en 1641. Trente ans plus tard, il y aura quatre-vingt-deux missions dans la vallée du Saint-Laurent, quarante et une à Québec, vingt-huit à Montréal et treize à Trois-Rivières. Les missionnaires rendent divers services sociaux aux Indiens qui entretiennent avec les « sachems noirs » des relations contrastées, tributaires du climat général. En 1657, les Iroquois exécutent quarante jésuites partis convertir les Hurons. Ce sont quarante « saints martyrs canadiens ». François de Laval, le futur évêque, fonde en 1663 le séminaire de Québec, à l'ombre de l'église Notre-Dame. L'ensemble constitue encore les bâtiments les plus imposants de la ville haute. Il veut y former les prêtres pour servir toutes les paroisses. C'est le premier établissement d'enseignement du Canada. L'Église a l'ambition d'être présente partout. Toutefois elle n'y réussit pas complètement. En 1685, plus de la moitié des Canadiens compte sur la « desserte », le service religieux périodique et itinérant, pour faire ses dévotions. En 1674, Mgr de Laval a été consacré évêque du Canada. Premier dans cette charge, il est devenu une figure légendaire. Il est, dit-on, à l'Église ce que Champlain est au Québec : Mgr l'Ancien. L'évêché de Québec avait été rattaché à l'archevêché de Rouen en 1648.

L'Église canadienne, à ses débuts, ne connaît pas la distinction entre le haut et le bas clergé. Formant un clergé d'élite, les missionnaires et les curés sont également instruits et aussi bien considérés les uns que les autres, ce qui ne veut pas dire qu'ils n'éprouvent pas des difficultés avec leurs paroissiens comme parfois avec les autorités civiles. Contaminés par les coureurs des bois, les Canadiens sont plutôt indisciplinés. Ils professent vis-à-vis de la religion une attitude « laxiste » qui met les prêtres en fureur. Les curés tempêtent souvent contre les manifestations peu respectueuses. Ils multiplient les remontrances sur l'abus de boisson, les courses à la sortie des offices, l'absentéisme à la messe, l'étalage de toilettes et la nonchalance dans les lieux saints. Au XVIIe siècle, les coupables de blasphème sont condamnés au « supplice du cheval de bois ». Le criminel était suspendu à un collier de fer et placé sur une pièce de bois avec des boulets aux pieds, pour être exposé à la foule.

Dans les cas les moins graves, les prêtres menacent d'excommunication les récalcitrants pour obtenir que les enfants soient baptisés dès leurs premières semaines et pour interdire les mariages blancs. Un missionnaire a même été jusqu'à placer les Indiens dans la nef centrale de l'église et les Français dans les jubés, tellement ces derniers donnaient le mauvais exemple aux nouveaux convertis. Ils pestent contre les danses « mixtes », quadrilles et menuets. Plus sérieux encore est le charivari, déjà interdit dans le monde catholique sous peine d'excommunication depuis le XVIe siècle. On commence à « charivariser » dans la Nouvelle-France dans les années 1680. Le charivari est une manifestation bruyante en signe de protestation, par exemple contre un mariage après un veuvage trop court ou quand la différence d'âge entre les époux est trop grande. Souvent le seul moyen d'arrêter un charivari est de donner de l'argent. En 1683, l'Église de la Nouvelle-France menace d'excommunication les « charivariseurs » ainsi que les parents d'enfants ou les maîtres des serviteurs qui se sont adonnés au charivari. Quelques décennies plus tard, un évêque de Québec, Pierre-Herman Dosquet, se plaindra parce que les curés canadiens le traitent comme un égal. Il songera à mettre un prêtre français derrière chaque curé canadien pour assurer son autorité. De cette indiscipline datent les jurons québécois qui ne sont pas scatologiques comme en France mais blasphématoires : tabernacle ! maudit ! (comme maudits Français !), ciboire ! eucharistie !

Tartuffe

Les relations avec le pouvoir politique ne sont pas non plus de tout repos. Le gouverneur Frontenac n'a qu'une estime limitée pour les missionnaires, notamment pour les jésuites. « Ils songent autant à la conversion des castors que celle des âmes, car la plupart de leurs missions sont de pures moqueries », écrit-il. Il est vrai que le représentant du roi a un tempérament porté sur la dispute. Il se brouille avec tout le monde, non seulement avec l'évêque mais aussi avec l'intendant avec lequel il est supposé travailler en bonne harmonie.

Ce sera encore pire avec le successeur de Mgr de Laval. L'évêque l'a choisi et nommé lui-même mais Mgr Jean-Baptiste de Saint-Vallier, dit Mgr La Chicane, prend un malin plaisir à défaire tout ce que son illustre prédécesseur a fait. Frontenac en profite pour lancer quelques flèches contre les « sorciers noirs ». En décembre 1693, il annonce la présentation, au petit théâtre du château Saint-Louis, de *Tartuffe* de Molière, monté par des officiers de son entourage. Les faux dévots ne tardent pas à se reconnaître. Mgr de Saint-Vallier préférerait que la pièce ne soit pas jouée. Il n'a rien contre le théâtre en général. Quelques années auparavant, on avait donné deux représentations du *Cid* de Corneille, et la jeunesse de Québec avait présenté au gouverneur « un petit drame en français, huron et algonquin ». À propos de *Tartuffe*, l'évêque distingue, dans une lettre pastorale, les comédies qui « sont honnêtes de leur nature mais ne laissent pas d'être dangereuses par les circonstances de temps, de lieu ou de personne », de celles qui sont « absolument mauvaises et criminelles d'elles-mêmes comme la comédie *Tartuffe* ou autres semblables ». Le gouverneur tient bon.

Rendez à César...

Les rapports des Canadiens avec l'Église catholique sont donc ambigus dès l'origine de la colonie. Ils le resteront au cours des siècles. Sans doute la religion a-t-elle été un ciment indispensable à la survie de cet îlot catholique au milieu d'un monde protestant. En 1690, un pasteur de Boston, Cotton Mather, prêche la croisade contre les « papistes », *delenda*

Carthago... Il faut détruire le Carthage américain. *Canada must be reduced*. Paradoxalement, l'Église catholique trouve refuge, suite à la conquête britannique, auprès des nouvelles autorités. Après quelques tentatives de prosélytisme, les gouverneurs anglais comprennent qu'ils peuvent tirer avantage de la loyauté de principe de la hiérarchie catholique canadienne au pouvoir temporel. Les paroissiens ne sont pas tous d'accord pour entonner des *Te Deum* à la gloire de la couronne britannique mais les prêtres rappellent les paroles du Christ : « Rendez à César ce qui est à César et à Dieu ce qui est à Dieu », et celles de saint Paul : « Nonobstant vos reproches, nous ne cesserons de vous le redire : Soyez sujets fidèles, ou renoncez au titre de chrétiens. »

Les Anglais interdiront cependant aux jésuites de revenir au Canada après la mort du dernier d'entre eux en 1800. Les hommes de la Compagnie de Jésus ne seront de retour qu'en 1840. En revanche, les Anglais n'auront qu'à se féliciter de l'attitude des sulpiciens, surnommés « le boulevard de la loyauté ». La proclamation de la république dans les États-Unis voisins, la victoire de la Révolution française suivie de la mort de Louis XVI et de la confiscation en France de tous les biens de l'Église ont rapproché la hiérarchie catholique de l'« occupant » anglais. Le catholicisme officiel se compromet avec le nouveau régime mais il reste le seul repère pour les Français du Canada. Comme l'écrit l'historien français André Siegfried, « sans l'appui des prêtres, nos compatriotes auraient sans doute été dispersés et absorbés. C'est le clocher de village qui leur a donné un centre ».

Au milieu du XIXe siècle, la campagne de recrutement des zouaves du pape chargés d'aller défendre les États pontificaux contre les Italiens en mal d'unité a un grand succès au Canada. Mgr Ignace Bourget, évêque de Québec, lève un contingent de cent trente-huit combattants qui se sont engagés à « ne jamais déshonorer le catholicisme ou la patrie ». Malheureusement ils atteindront l'Italie après la bataille. Mais l'intention y était. À la même époque, les prêtres et des dignitaires de l'Église jouent un grand rôle dans la mystique de la nouvelle frontière, variante québécoise de la *manifest destiny* américaine.

La marque de l'Église, qui contrôle pratiquement l'ensemble du système social, continuera de peser sur la société québécoise jusqu'au milieu du siècle dernier, avec ses contradictions, ses faiblesses et ses dévotions superficielles. En 1950, le futur Premier ministre fédéral canadien, Pierre Elliott Trudeau, qui à l'époque était un jeune « enragé », écrit dans la revue *Cité libre*, dont il est un des fondateurs : « Le catholicisme est [au Québec] non pas proposé, non pas enseigné, mais imposé, infligé, assené. Dieu, cet être tout amour dont on ne saurait s'approcher que dans la liberté de son cœur est injecté comme un sérum. Meurs ou crois : voilà bien où nous en sommes encore. »

Chapitre 5

Les filles du roi

Ça manque de femmes ! avait constaté Samuel de Champlain en fondant Québec. Ça manquait d'hommes aussi. La démographie du Canada est restée longtemps déficiente, avant que les Québécois, avec la bénédiction de l'Église catholique et le soutient du pouvoir temporel, battent des records de natalité. Au XIXe siècle on parlera de la « revanche des berceaux ». Aux XVIIe et XVIIIe siècles, la comparaison avec la Nouvelle-Angleterre voisine n'est pas à l'avantage de la Nouvelle-France. La colonie française compte quelque soixante-dix mille personnes quand la Nouvelle-Angleterre a déjà 1,2 million d'habitants. La France a l'espace et l'Angleterre le nombre.

Le pouvoir royal est pris dans une contradiction. Le commerce des fourrures qui, outre la percée vers l'Asie, reste son principal objectif, nécessite un minimum d'établissements permanents. Les « colons » doivent pouvoir se nourrir, se vêtir, se loger, sans que tout leur soit apporté de la métropole. En même temps, la royauté a l'obsession de ne pas « dépeupler » la France en laissant partir ses habitants vers des contrées lointaines aux perspectives incertaines. C'est particulièrement vrai de Louis XIV qui ne conçoit pas que sa rivalité avec l'Angleterre puisse se régler en dehors du continent européen. Or pour se battre sur terre, il faut de gros bataillons. Il faut donc empêcher que les recrues potentielles n'émigrent outre-Atlantique.

Champlain s'était déjà heurté à cette difficulté. La solution envisagée avait été la sédentarisation des Amérindiens pour pallier l'absence des Européens en mesure de cultiver la terre ou de devenir des artisans, mais les résultats s'étaient avérés décevants. Pourtant le Roi-Soleil croit encore en la possibilité de s'appuyer sur les Indiens – et les Indiennes – pour peupler le Canada. « Observez que s'il y avait des Sauvages en état d'être mariées avec des Français, comme il est fort important de les y accoutumer, je veux que vous les préfériez aux Françaises », écrit le roi au gouverneur de la Nouvelle-France. Il met à la disposition de son représentant un fonds de 3 000 livres qui doivent être distribuées aux indigènes qui sortent du couvent des Ursulines et qui se marient avec des Français. Cependant l'incitation n'est pas suffisante pour empêcher les jeunes Indiennes de rentrer chez elles. Il y a six hommes célibataires pour une femme. En 1673, l'équilibre des sexes sera à peu près rétabli.

En 1665, avec le régiment Carignan-Salières, arrive à Québec le nouvel intendant, Jean Talon devenu comte d'Orsainville. La « capitale » de la Nouvelle-France est une bourgade qui compte moins de soixante-dix maisons et cinq cent cinquante habitants, répartis entre la ville haute et la ville basse. Sur le promontoire, les fonctionnaires, le clergé et les communautés religieuses. En bas, les boutiques et les résidences particulières. C'est à l'emplacement de la ville basse que Champlain a construit sa première « abitation ». Le quartier porte le nom de place Royale, qui est un ensemble plus vaste que le square proprement dit. Sur la place trône un buste de Louis XIV, copie de celui qui se trouve à Versailles. À l'origine, un sentier escarpé conduisait d'un quartier à l'autre. Il aboutissait d'un côté à un édifice en pierre – le seul de Québec à l'époque, les autres étaient en bois –, qui servait à la fois de presbytère, d'évêché, de séminaire, et à l'église paroissiale sur la Grand-Place. De l'autre côté, il conduisait au château Saint-Louis, où siégeait le gouverneur, et à la place d'Armes. L'ensemble était situé à l'endroit où se trouve maintenant l'extrémité de la promenade Dufferin. En montant le long de ce sentier, on longeait le camp des Hurons, plus exactement ce qui restait de cette nation, exterminée par les Iroquois et minée par les maladies apportées par les Européens. Le gouverneur Frontenac se plaignit à Colbert que les constructions avaient été placées dans le désordre. Il voulait un plan d'« urbanisme », sinon, écrivait-il, « dans 500 ans, il n'y aura pas plus de bâtiments à Québec qu'aujourd'hui ». Il avait le droit de se plaindre, il était le filleul de Louis XIV. Ce qui ne veut pas dire qu'il était toujours entendu à la Cour.

Développement intégral

L'intendant Talon voit grand. Il nourrit de vastes ambitions pour la province qu'il a la charge d'administrer. Il concocte un plan de « développement intégral » afin que la Nouvelle-France soit non seulement autosuffisante mais qu'elle puisse exporter des produits autres que les peaux de castor. Il veut notamment une agriculture commerciale. Dans la région de Trois-Rivières, on découvre des mines de fer. Colbert écrit que « SAR [Son Altesse Royale] ne juge pas à propos de faire travailler aux mines de fer. Il y en a assez en France pour en fournir tout le Canada ». Le mercantilisme, selon lequel l'État est une vaste entreprise, est la doctrine économique la plus répandue ! Moins d'un siècle passera et un marchand montréalais, François Poulin de Francheville, obtiendra un brevet d'exploitation. Le haut-fourneau sera allumé en 1738. Connue sous le nom de Forges de Saint-Maurice cette entreprise deviendra l'industrie la plus importante de la colonie, même si elle connaîtra quelques déboires. Elle emploiera plusieurs centaines d'ouvriers qui produiront des socs de charrue, des marmites, des poêles, des boulets et des canons. Un savant suédois, Pehr Kalm, a visité ces forges : « Elles se composent d'un certain nombre de bâtiments, raconte-t-il. Il y a deux marteaux-pilons, chacun dans son bâtiment particulier; dans chacun de ces bâtiments, se trouvent un grand marteau et en outre un plus petit; les soufflets sont faits en bois et tout le reste est construit comme chez nous en Suède. Le haut-fourneau est placé tout près des marteaux-pilons et il est également monté comme chez nous. » En revanche, Pehr Kalm est moins enthousiaste à propos des gisements de plomb découverts à Baie-Saint-Paul, qu'il juge inexploitables. Le Suédois sera frappé par la politesse des gens qui se croisent dans la rue : « En ville, la coutume est de soulever son chapeau et de saluer tous ceux que l'on croise. Celui qui ne soulève pas son chapeau, ou ne salue pas de quelque façon, se rend coupable de manque de respect. »

Talon fait venir les premiers chevaux – douze exactement – pour aider au travail des colons. Avec le cheval – prononcez « d'joual », à la normande –, est né le « joual », la langue du Québec [1]. Talon pense à la mise en place d'échanges triangulaires entre le Canada, les Antilles (françaises) et la métropole. Ses ennemis lui reprochent de parler beaucoup et de réaliser peu de chose. « Il souhaite, il projette, il rêve, il entonne des hymnes à toutes ces richesses naturelles dont l'exploitation devrait faire la gloire de Colbert », se gausse-t-on discrètement. Le ministre n'est pas convaincu et l'idée du commerce triangulaire sera abandonnée pour près d'un siècle.

Fumer comme un Huron

L'intendant, décidément énergique, suggère de développer la culture du tabac que Cartier avait découvert à son grand étonnement : « Si le Roi ne trouve pas d'inconvénient de souffrir ici la culture [du tabac], à cause de ce que les Antilles en fournissent, je porterai les habitants à la faire dans les terres qui seront propres à cette plante. » La réponse de Colbert, qui met plus de six mois à lui parvenir, est cinglante : « Le Roi ne veut point que l'on y sème du tabac. » Les marchands français qui tirent leur fortune du commerce avec les Antilles ne tolèrent pas la concurrence. En 1748, une Société du Canada pour le commerce triangulaire France-Canada-Antilles sera créée. Talon aura eu raison trop tôt.

1. Voir ci-dessous p. 161 et suiv.

L'Amérique n'en est pas moins du dernier chic dans les salons parisiens. « Ces messieurs fument comme des Hurons, ironise Jean Forest, boivent du chocolat, dégustent du café. »

Sur les vingt-quatre compagnies du régiment Carignan-Salières, quatre doivent rester en garnison après la paix. Un peu plus de sept cents soldats s'établissent au Canada. C'est insuffisant pour coloniser une terre aussi vaste. D'autant plus que les Indiennes ne sont pas disposées à participer en masse à la reproduction des Français d'Amérique. Les autorités parisiennes ont alors une idée. Elles vont envoyer outre-Atlantique des jeunes filles recueillies dans des institutions. Ce seront « les filles du roi ». Elles sont orphelines ou enfants d'une petite noblesse ruinée, protestantes enlevées à leurs familles, indigentes ou « nouvelles catholiques », huguenotes converties de gré ou de force. Elles viennent de la Salpêtrière à Paris ou de l'évêché de Rouen. Le roi leur verse une dot de 300 livres pour qu'elles s'établissent dans la colonie.

Un millier fait le voyage entre 1665 et 1672. L'une d'elles, Marie-Claude Chamois, qui s'est enfuie de chez elle parce que son frère a abusé d'elle, et qui a été confiée par un prêtre à une institution chargée des femmes abandonnées, des enfants pauvres et des malades mentaux, raconte : « J'ai été choisie pour être du nombre de celles qui devaient aller en Amérique, et j'ai mieux aimé renoncer à ma patrie, entreprendre un voyage périlleux et passer dans un nouveau monde que d'implorer le secours de ma mère. Je suis demeurée dans le silence, éloignée de mon pays, sans amis, sans secours, sans parents, condamnée à un exil perpétuel [1]. »

Les premières filles du roi sont arrivées à Québec le 18 juin 1665. Elles passent entre deux rangées d'hommes qui les attendent sur le quai. Des couples se forment dès qu'elles ont mis pied à terre. Les autorités ont décidé de mesures pour

1. Témoignage recueilli et publié par M. le chancelier d'Aguesseau, cité par Radio-Canada dans sa série d'émissions télévisées sur l'histoire du Canada.

encourager les mariages rapides. Au-delà de quinze jours sans avoir trouvé une promise, les hommes se voient interdire la chasse, la pêche et la traite de la fourrure avec les Indiens. Les célibataires endurcis doivent payer une taxe spéciale, tandis que les mariages précoces sont récompensés, à dix-huit ou dix-neuf ans pour les garçons, quatorze ou quinze ans pour les filles. À quatorze ans, Marie-Claude Chamois épouse François Figon. Ils auront sept enfants.

Une autre fille du roi, dont on connaît l'histoire, Catherine, issue d'un milieu bourgeois parisien, rencontre Pierre Normand, dit Labrière, maître taillandier de la place Royale. Ils ont respectivement vingt et vingt-neuf ans. Ils s'installent rue du Cul-de-Sac dans une maison de six pièces, avec cave et grenier. Ils auront dix enfants. Le pouvoir encourage les familles nombreuses, plus de dix enfants, en leur accordant une allocation de la part du roi. Au cours du XVIIe siècle, la natalité atteint 63 ‰, et l'accroissement naturel de la population assure plus de la moitié de la croissance démographique. Après 1680, l'immigration féminine cesse presque complètement et le pouvoir supprime les mesures natalistes. Les enfants nés du mariage entre des soldats et des filles du roi arrivent si nombreux sur le marché du travail, à la fin du XVIIe siècle, que le commerce des fourrures ne peut absorber toute cette main-d'œuvre. On manque aussi de numéraire, remplacés par de la « monnaie-carte », des cartes à jouer signées du gouverneur et de l'intendant.

Les trente-six mois

Avant, il avait aussi fallu faire venir des hommes pour défricher le pays. Les « engagés », qui traversent gratuitement l'Atlantique en s'engageant à rester trois ans au Canada, n'ont pas le droit de s'établir, au moins pendant les premières années. On les surnomme « les trente-six mois ». Ils sont liés au propriétaire pour lequel ils travaillent. S'ils cherchent à fuir, ils risquent la pendaison, le fouet, le carcan ou le fer rouge. Mais ces châtiments sont rarement appliqués et les « engagés » vivent souvent comme les membres de la famille. Pierre Boucher, arrivé comme jeune engagé, est à son tour à la recherche de main-d'œuvre : « Tous les pauvres gens seraient bien mieux ici qu'en France, pourvu qu'ils ne fussent pas paresseux ; ils ne manqueront pas ici d'emploi, et ne pourraient pas dire ce qu'ils disent en France, qu'ils sont obligés de chercher leur vie, parce qu'ils ne trouvent personne qui veuille leur donner de la besogne. »

En 1665, les « engagés » représentent un quart de la population masculine et leur retour en France, après trois ans de service, menace la stabilité de la province. Sur les quinze mille « engagés » qui sont allés au Canada entre la fondation de Québec en 1608 et la fin du siècle, un tiers seulement est resté. La dureté de la vie n'est pas étrangère à cet exode : « Il y a ici un grand nombre de pauvres et la raison est que quand une famille commence une habitation, raconte mère Marie de l'Incarnation, il lui faut deux ou trois années avant que d'avoir de quoi se nourrir, sans parler du vêtement, des meubles et d'une infinité de petites choses nécessaires à l'entretien d'une maison ; mais ces difficultés étant passées, ils commencent à être à leur aise, et s'ils ont de la conduite, ils deviennent riches avec le temps, autant qu'on le peut être dans un nouveau pays comme est celui-ci. » L'« habitant » du Canada est dans l'ensemble mieux loti que le paysan de France, malgré quelques crises très dures. En 1759, Montcalm écrit dans son *Journal* : « Grande misère à Québec ; murmure du peuple que l'intendant veut mettre, du 1er janvier, au quarteron [quart d'une livre] ; émeute de quatre cents femmes ; l'intendant accorde la demi-livre. Adjudications fort chères pour les matériaux des fortifications projetées pour l'extérieur de Québec... »

Pour pallier le manque de main-d'œuvre, les autorités françaises ont trouvé un autre expédient : en appeler à l'« immigration pénale ». Des jeunes gens en rupture de ban viennent expier leurs péchés en Amérique, mêlés à quelques criminels, malgré les protestations de l'évêque. Mais ce sont surtout des coupables de délits mineurs qui s'installent, de même que quelques militaires, transfuges anglais, huguenots qui n'ont pas le droit de pratiquer leur religion, quelques Noirs et panis (métis) qui seront traités comme des esclaves jusqu'au XVIIIe siècle. Cette persistance de l'esclavage est connue grâce à une ordonnance de l'intendant Hocquart, de 1736, sur « l'affranchissement sauvage (!) des esclaves ». La plupart étaient justement des panis qui, dit-on, préféraient l'esclavage à la liberté parce qu'il leur assurait le gîte et le couvert. « Québec n'avait pas plus d'une vingtaine d'esclaves à la fois », écrit ingénument l'archiviste Pierre-George Roy.

Une population s'installe qui s'éloigne petit à petit de ses origines européennes. On cherche un nom pour ces personnes. On les appelle « résidents », puis « habitants » pour les distinguer de ceux qui ne viennent que pour quelques années, ou encore « domiciliés », « habitués au pays », ou « originaires ». En 1670, Talon lâche le grand mot : ce seront des Canadois, ou Canadiens. Qu'est-ce qui pouvait pousser de simples gens à s'extraire de leur milieu d'origine, à partir sur les routes de France vers les ports de La Rochelle, Dieppe ou Bordeaux, pour aboutir à Québec après deux mois de pénible traversée de l'Atlantique ? Le désir d'améliorer leur sort, de commencer une vie nouvelle en s'affranchissant des contraintes qui pesaient sur l'existence des paysans, des petits artisans ou des soldats qu'ils étaient ? ou peut-être plus simplement par goût de l'aventure ?

Le régime seigneurial

Les progrès économiques sont lents, surtout si on les compare au développement rapide de la Nouvelle-Angleterre, où la révolution industrielle a gagné à partir de la métropole. Au Canada, le pouvoir royal installe un système moyenâgeux instauré en France cinq siècles auparavant : le régime seigneurial. En 1663, la Nouvelle-France compte soixante-trois seigneurs, dont cinquante et un habitent sur place. Près de 95 % de la terre distribuée appartiennent aux sept seigneurs les plus riches. Les communautés religieuses possèdent sept seigneuries. Au début le seigneur est la personne chargée par la Compagnie de la Nouvelle-France, qui bénéficie du monopole du commerce des peaux jusqu'en 1669, de veiller au peuplement et à la colonisation. La Couronne lui a octroyé une étroite bande de terre, dont le plus petit côté forme avec le Saint-Laurent ou la rivière Richelieu un angle tel que l'ensoleillement soit maximum. La longueur dépend de la progression du défrichage de la forêt. Au centre, le seigneur se réserve une parcelle où il implante son manoir, non loin de l'église, du presbytère et de l'école. Le seigneur a son banc à l'église sous lequel il a le droit de se faire inhumer.

Il concède une partie de ses terres à un tenancier, ou censitaire, en échange d'une redevance en argent, en produits de la ferme et en échange de divers services. L'entretien des routes locales est aussi à la charge du tenancier.

Quand il voyage au Canada en 1831, Alexis de Tocqueville demande s'il existe quelques restes de féodalité. « Oui, mais si légers qu'ils sont presque inaperçus, lui répond-on. Le seigneur reçoit pour les terres qu'il a originairement concédées une rente presque insignifiante. [...] On est obligé de faire moudre à son moulin, mais il ne peut demander plus d'un prix fixé par la loi et qui est au-dessous de celui qu'on paye aux États-Unis avec la liberté et la concurrence. Il y a des droits *de lods et de ventes*, c'est-à-dire que, quand le propriétaire d'une terre inféodée la vend, il est obligé de donner le douzième du prix au seigneur. Cette charge serait assez pesante si l'esprit dominant de la population n'était pas de rester invinciblement attaché au sol. [...] Du reste, le seigneur n'a point de droits honorifiques, point de privilèges. Il n'y a point de noblesse et il ne peut y en avoir. Ici comme aux États-Unis, il faut travailler pour vivre. »

L'offre de terre est abondante, la demande reste faible. Le procureur général du roi, Ruette d'Auteuil explique pourquoi, dans une lettre de janvier 1706 : « Il faut que l'habitant commence par abattre les arbres de son habitation qui est toute en forêt, qu'il coupe ces arbres de certaine longueur, maniable à un homme et à la femme, pour les pouvoir remuer avec des leviers et les mettre en tas, qu'il fait brûler, qu'ensuite il houe la terre à force de bras dessus et au travers des arbres abattus pendant quelques années, qu'il en arrache le reste des troncs d'arbres que l'on coupe à cinq ou six pieds de hauteur sur les neiges, qu'il fasse les fossés nécessaires dans les lieux aquatiques et qu'il fournisse à son entretien et à celui de sa famille qui est d'une excessive cherté, à cause de la longueur et de la rigueur de l'hiver. »

Au milieu du XVIIIe siècle, une famille type exploite une terre de 60 à 120 arpents, répartis entre un grand champ de blé, un pâturage et un petit bois qui fournit une constante provision de bûches pour le chauffage en hiver. Elle possède quelques vaches, un ou deux cochons, une douzaine de poules, un ou deux chevaux qui remplacent les bœufs pour les labours, et un troupeau de moutons pour la laine. Elle complète son « revenu » avec la chasse, la pêche et la traite des fourrures.

La variété des produits trouvés au Canada étonne les Européens. Pierre Boucher, un « engagé » qui a réussi à se libérer de ses obligations et à devenir indépendant, en dresse la liste : « Toutes sortes de navets, rabioles, betteraves, carottes, panais, salsifis et autres racines viennent parfaitement et grosses. Toutes sortes de choux viennent aussi à leur perfection, à la réserve des choux-fleurs que je n'ai point encore vus. Pour les herbes : oseille, cardes de toutes sortes, asperges, épinards, laitues de toutes sortes, cerfeuil, persil, chicorée, pimprenelle, oignons, poireaux, ail, cive, hysope, bourrache et généralement toutes sortes d'herbes qui croissent dans les jardins de France. Les melons, les concombres, les melons d'eau et calebasses y viennent bien. »

Même abondance pour le gibier. Il y a toutes sortes de perdrix (?), explique toujours Boucher, avec un doute sur la nature du volatile : « Il y en a des quantités prodigieuses. L'on en tue des quarante et quarante-cinq d'un coup de fusil ; ce n'est pas que cela se fasse d'ordinaire ; mais pour en tuer huit, dix ou douze, cela est commun ; elles viennent d'ordinaire au mois de mai et s'en retournent au mois de septembre, il s'en trouve universellement par tout ce pays-ci. »

La baronne de Riedesel, dont le mari commande les mercenaires allemands au service des Anglais, a décrit les mœurs des Canadiens. Elle raconte notamment comment ces derniers ont inventé la « congélation » et la « décongélation » des aliments : « Au commencement de novembre, je fis provision de trois ou quatre cents poissons qui se conservèrent frais dans le grenier. Tout ce qu'il y avait à faire, quand nous avions besoin de quelque chose pour la table, telle que viande, poisson, œufs, pommes ou citrons, était de les placer dans l'eau froide le jour précédent. De cette façon, le froid s'en retirait et la viande, tout comme le poisson, redevenaient tendres et juteux. » D'autres installaient un « congélateur » dans leur jardin. À une vingtaine de mètres de la maison, protégé par des planches pour qu'on ne tombe pas dedans, un puits était creusé. Un gros chaudron bien arrimé trempait dans l'eau glacée avec toutes les denrées périssables.

Dans les temps les moins tourmentés, le Canada apparaissait ainsi comme un pays où il faisait bon vivre. Alors qu'en France le pain représentait encore les trois quarts de l'alimentation d'une famille modeste, en Nouvelle-France il ne contribuait que pour la moitié. La viande était servie presque chaque jour, en plus des légumes du potager et des fruits du verger. Les Canadiens buvaient force eau-de-vie pour lutter contre le froid. Sur la table des riches, les meilleurs vins de Bordeaux accompagnaient des mets plus fins.

Ni française ni indienne

Louis XIV et Colbert veulent mettre en place dans le Nouveau Monde une structure administrative correspondant à leur conception de la politique. Ils veulent un État « colonial », sur le modèle français, mais plus parfait que ce dernier puisque débarrassé des privilèges qui handicapent en France l'autorité centrale. « Quand je veux juger l'esprit de l'administration de Louis XIV et ses vices, c'est au Canada que je dois aller », écrira Alexis de Tocqueville en 1856. Les obstacles qui s'opposaient au libre développement de l'esprit du gouvernement n'existaient pas. Rien n'empêchait le pouvoir central de s'abandonner à ses « penchants naturels ». Tocqueville comparera la situation canadienne avec celle de l'Algérie pour conclure : « Des deux côtés, on se trouve en présence de cette administration presque aussi nombreuse que la population, prépondérante, agissante, réglementante, contraignante, voulant prévoir tout, se chargeant de tout, toujours plus au courant des intérêts de l'administré qu'il ne l'est lui-même, sans cesse active et stérile. » Toutefois, l'éloignement par rapport aux centres de pouvoir permet à une grande partie de la population canadienne d'échapper au contrôle des autorités.

L'habillement diffère de celui de la métropole, à cause des rigueurs de l'hiver. « Hé ! le capot bleu ! » est une interpellation qu'on entend fréquemment à Montréal. Les habitants et les enfants portent en effet, comme les Sauvages, des capots (manteaux) bleus avec des capuchons dans lesquels ils mettent leur tête pour se protéger du vent glacial. Une nation ni française ni indienne, tout simplement canadienne, est en train de naître. La nature, les distances, la diversité des ressources créent un type nouveau. Le Canadien est foncièrement individualiste, animé d'un esprit d'indépendance qui lui fait regarder avec ironie les prétentions de l'autorité, facilement adaptable à des situations nouvelles. Malgré le régime seigneurial, le système est beaucoup plus égalitaire qu'en métropole. Les chances sont plus égales et l'ascension sociale n'est pas bridée par les privilèges. Les nobles qui ont fait le voyage sont peu nombreux à s'installer et cette absence de classe supérieure ouvre des possibilités inconnues ailleurs. On cite le cas d'un interprète, commerçant puis seigneur, qui devient gouverneur de Trois-Rivières avant d'être anobli. Les femmes prennent en main les affaires de la famille quand le mari est parti courir les bois. Quelques-unes se lancent dans les affaires, y compris des Indiennes. Contrairement à une légende, la population est moins rurale qu'en France. La moitié des habitants sont des citadins, contre 10 % seulement en métropole, à la fin du XVIIe siècle.

On est fier d'être canadien. Un marchand de Québec écrit à un ami du Cap-Français, aux Antilles : « Les Anglais de ce continent sont aux abois tant nous les avons malmenés ; les pauvres diables ne savent plus à quel saint se vouer car, vous savez, ils n'en connaissent guère. On fait état que depuis l'année dernière [1756] nous leur avons tué 4 000 hommes, sans compter ceux que la misère et la désertion leur enlèvent tous les jours. » Bref, les Anglais seraient à l'agonie. On ne saurait se tromper plus lourdement.

Louis Charles Bombled : *Jacques Cartier prend possession du Canada au nom de la France en 1534.*

Jean Antoine Théodore Gudin, *Jacques Cartier découvre et remonte le Fleuve Saint-Laurent*, 1535.

Samuel de Champlain
© Leemage

Village indigène à Hochelaga, 1609. © Leemage

Le général James Wolfe et le Marquis de Montcalm, bataille de Québec, 13 septembre 1759. © Rue des Archives

Prise de Québec par les Anglais le 28 juin 1759. © Leemage

Rébellion menée par Robert Nelson et Louis-Joseph Papineau, novembre 1837.

Thomas Phillips : *John George Lambton, comte de Durham*, 1820.

Richter : *Louis-Joseph Papineau*, 1835.

Maurice Le Noblet Duplessis
© Rue des Archives

Pauline Julien © Roger-viollet

Félix Leclerc © Roger-Viollet

Robert Charlebois © Eyedea

Visite de Charles de Gaulle, 24 juillet 1967. © AFP

Pierre Elliott Trudeau et René Lévesque, 13 février 1978.
© Time & Life Pictures/Getty Images

CHAPITRE 6

« J'aime beaucoup mieux la paix que le Canada »

Paix de Montréal ou pas, les escarmouches se poursuivent après 1701 entre les nations indiennes et entre la France et l'Angleterre qui ont refoulé d'Amérique les puissances tampons, comme la Hollande. Les grands États européens se battent à la fois pour maintenir leur prééminence en Europe et pour conquérir l'hégémonie sur le nouveau continent. Les Britanniques n'ont pas abandonné leur rêve de chasser la France du Canada. En 1711, une flotte anglaise se prépare à attaquer Québec. Un pilote canadien, Jean Paradis, fait prisonnier à l'entrée du Saint-Laurent, la guide pour remonter le fleuve malgré le mauvais temps, en se jouant des obstacles. Les navires n'en heurtent pas moins des récifs au large de Sept-Îles. Le naufrage fait neuf cents victimes. À Québec, la petite église de la place Royale, Notre-Dame-de-*la*-Victoire, érigée après l'échec de Phips devant la capitale de la Nouvelle-France [1], est rebaptisée Notre-Dame-*des*-Victoires.

Pour l'Angleterre, ce n'est que partie remise. La guerre de succession d'Espagne, qui a duré douze ans, se conclut en 1713 par la paix d'Utrecht. À cette époque, la France possède le Canada (la vallée du Saint-Laurent et la région des Grands Lacs), l'Acadie, des territoires dans la baie d'Hudson et la Louisiane, découverte en 1682 par Robert Cavelier de La Salle. « La découverte du sieur de La Salle est fort inutile », avait dit Louis XIV. Napoléon lui donnera raison en la vendant en 1803

1. Voir ci-dessus page 28.

aux États-Unis pour 15 millions de dollars. (La Louisiane s'étendait alors du golfe du Mexique, au sud, aux Grands Lacs, au nord !)

Suite à ses défaites sur le Vieux Continent, la France doit céder quelques possessions d'outre-mer. « Louis XIV sacrifiait son empire pour sauver son royaume », affirme l'historien québécois Jean Hamelin [1]. La Nouvelle-France est encerclée par les colonies britanniques. François-Pierre de Rigaud, marquis de Vaudreuil-Cavagnial, premier gouverneur de la Nouvelle-France à être né dans la colonie, lance le mot d'ordre : « Profiter de la paix pour fortifier le Canada. » Et, en effet, il sera suivi à la lettre puisque entre 1720 et 1749, la ville de Québec sera fortifiée. Toutefois, la forteresse à la Vauban, dont il reste encore d'importants vestiges, est postérieure et date de l'époque britannique. La citadelle est occupée actuellement par un régiment qui parle français sous un resplendissant uniforme d'inspiration britannique. À l'époque moderne, les autorités ont créé des régiments francophones dans l'armée canadienne. Avant, les Canadiens français recevaient les ordres en anglais : « Ils pouvaient comprendre mais ils ne voulaient rien savoir », disait-on.

Bête comme la paix

Revenons au traité d'Utrecht. Les premières victimes sont les Acadiens qui passent sous contrôle britannique. Ils ont le droit d'émigrer en Nouvelle-France. Ceux qui restent peuvent pratiquer la religion catholique et utiliser la langue française mais, comme ils possèdent les meilleures terres, ils sont sous la menace des colons anglais. Quelque quarante ans plus tard en effet, ils seront purement et simplement expulsés sans que la France ne fasse rien pour eux. En 1745, la forteresse de Louisbourg, la plus redoutable des places fortes d'Amérique, que les Français avaient construite pour garder l'entrée du Saint-

1. Jean Hamelin (sous la direction de), *Histoire du Québec*, Éd. Amérique, 1976.

Laurent, tombe aux mains des Anglais. L'année suivante, le contingent français de 35 000 soldats envoyé pour les déloger est contraint de faire demi-tour à cause de la tempête. Il n'a pas plus de succès quelques mois plus tard. Cette fois, ce sont les Anglais qui l'arrêtent. En 1748, la paix d'Aix-la-Chapelle ne règle pas le différend entre Paris et Londres. De cet échec naîtra l'expression « bête comme la paix ».

Dans leur grande majorité les Acadiens sont devenus sujets britanniques mais Londres n'en a cure. Son premier souci est de s'en débarrasser. Le 11 août 1755, le nouveau gouverneur anglais ordonne de rassembler « tous les habitants, y compris les vieillards, les jeunes gens ainsi que ceux âgés de dix ans » et leur fait tenir sa décision : « Vos terres et vos maisons et votre bétail et vos troupeaux sont confisqués, avec tous vos autres effets, excepté votre argent et vos objets de ménage. Vous allez vous-mêmes être transportés hors de cette province. » Le « grand dérangement » dure cinq ans. Comme la famine gagne dans la vallée du Saint-Laurent, les autorités ferment les frontières de la Nouvelle-France aux Acadiens francophones qui veulent se réfugier en territoire français. Ils sont accusés de semer la mort, parce que beaucoup sont malades.

La guerre reprend en Europe entre les grandes puissances rivales, avec ses conséquences en Amérique du Nord. George Washington, alors major de l'armée britannique, attaque le fort Duquesne (Pittsburgh), tenu par les Français. Québec est le centre des opérations militaires de la France en Amérique du Nord. La ville grouille de soldats et de réfugiés acadiens. Mais il ne faut pas s'y tromper. Les Canadiens se battent pour tenter de protéger leurs intérêts économiques immédiats plutôt que pour défendre des valeurs religieuses, culturelles ou « nationales ». En 1756, le roi choisit Louis-Joseph, marquis de Montcalm, pour commander ses troupes dans la colonie, avec le grade de maréchal. Montcalm a quarante-quatre ans quand il arrive à Québec et déjà une longue carrière militaire derrière lui. L'homme est présenté comme vaniteux, entêté, sûr de ses théories qui s'opposent à la manière canadienne de faire la guerre. Il est typique de ces successeurs de Champlain « venus ignorer le Québec de plus près [1] ».

Nombreuses désertions

Contre les troupes anglaises, Vaudreuil privilégie en effet les raids et les embuscades où excellent les miliciens canadiens et les Indiens. Depuis 1669, tous les Canadiens valides, âgés de seize à soixante ans, font partie de la milice. Ils doivent pourvoir à leur habillement et à leur nourriture. Comme les combats ont surtout lieu à la belle saison, c'est-à-dire à l'époque où les travaux des champs réclament des bras, les désertions sont nombreuses. Quant aux Amérindiens, il est difficile de les contrôler : « Ils s'ameutent, délibèrent entre eux et délibèrent lentement, veulent aller faire coup tous ensemble et du même côté parce qu'ils aiment les gros bataillons. Entre la résolution prise et l'exécution il se passe un temps considérable ; tantôt une nation arrête la marche ; tantôt une autre. Il faut que tous aient le temps de s'enivrer et cependant la consommation qu'ils font est énorme ; ils partent enfin et dès qu'ils ont frappé, n'eussent-ils fait qu'une chevelure ou un prisonnier, ils reviennent et repartent pour leurs villages. Alors, pendant une période considérable l'armée reste sans Sauvages. Chaque particulier s'en trouve bien mais les opérations de la guerre en souffrent, car enfin ils sont un mal nécessaire. Il vaudrait mieux n'avoir à la fois qu'un nombre réglé de ces maringouins qui fussent ensuite relevés par d'autres, de manière qu'il y en ait toujours. » (Extrait du *Journal* de Montcalm, 20 octobre 1756.)

Bougainville, « le seul Français de France qui comprenne les Canadiens », trace un portrait plus flatteur des habitants de la Nouvelle-France : « Les Canadiens ont de l'esprit naturellement, dit-il ; ils parlent avec aisance, ils ne savent pas écrire, leur accent est aussi bon qu'à Paris, leur diction est remplie de

---

1. L'expression est de Pierre Chaboult, *Québec, mon pays, mes amours*, Éd. Léméac, 1985.

phrases vicieuses empruntées de la langue des Sauvages ou des termes de marine, appliquées dans le style ordinaire [...] Les Canadiens sont braves, leur genre de courage ainsi que les Sauvages est de s'exposer peu, de faire des embuscades; ils sont fort bons dans les bois, adroits à tirer; ils se battent en s'éparpillant et se couvrant de gros arbres [...] Le Canadien est haut, glorieux, menteur, obligeant, affable, honnête, infatigable pour la chasse, les courses, les voyages qu'ils font dans le pays d'En-Haut, paresseux pour la culture de la terre. »

L'Angleterre déclare la guerre à la France, en 1756. Elle mobilise 50 000 soldats contre la France et ses alliés indiens. Le Premier ministre William Pitt est convaincu que le sort des armes se jouera dans les colonies; Louis XV que les batailles en Europe seront décisives. Nommé général de brigade des forces britanniques en Amérique du Nord, James Wolfe – il n'a que trente-deux ans – veut faire la guerre aux Français, pas aux Canadiens dont il espère qu'ils ne se joindront pas au combat. Les deux premières années du conflit sont marquées par des victoires des troupes françaises. Montcalm enlève plusieurs places fortes aux Anglais. Wolfe « ne peut regarder de sang-froid les incursions sanglantes de cette meute infernale, les Canadiens ». Il interdit tout de même la pratique du scalp, sauf quand l'ennemi est indien, ou habillé en Indien.

Le quart de la marine anglaise

L'armée française, qui croit en la supériorité de sa stratégie défensive, se replie sur Québec. Quand se met en place le siège de la ville, en 1759, l'armée française compte cinq bataillons réguliers de 2 900 hommes, plus 13 000 miliciens et Indiens. En face, James Wolfe dispose du quart de la marine anglaise placée sous les ordres de l'amiral Charles Saunders : quarante navires de guerre, quatre-vingts transports de troupes avec 30 000 marins et 9 000 soldats, soixante goélettes. Au total, une troupe à peine moins nombreuse que toute la population du Canada. Au passage les villages ont été brûlés et les campagnes dévastées.

À Québec même, les vivres manquent. Montcalm se fait chroniqueur gastronomique et invente le repas « tout cheval ». L'animal existe en abondance. Le maréchal donne l'exemple en proposant à ses hôtes le menu suivant : petits pâtés de cheval à l'espagnole ; cheval à la mode ; escalope de cheval ; filet de cheval à la broche avec une poivrade bien liée ; semelle de cheval au gratin ; langue de cheval au miroton ; frigousses de cheval ; langue de cheval boucanée et gâteau de cheval comme les gâteaux de lièvre.

Les envoyés du roi profitent de la guerre pour spéculer. Ils réquisitionnent le bétail des paysans et le revendent à grand prix aux armées. C'est ce qu'on appelle pudiquement les « friponneries » de l'intendant Bigot.

Les bombardements commencent le 12 juillet, avec des « pots à feu ». Ce sont des boulets creux remplis de poudre qui provoquent des incendies quand ils atteignent leur cible. La haute ville, la cathédrale, le presbytère, l'église des jésuites, le séminaire sont touchés. Un soldat français raconte : « Tout le monde fut obligé de sortir de sa maison et de se réfugier sur le rempart du côté de la montagne ; et lorsque le jour fut venu, les portes furent ouvertes, et on vit les femmes et les enfants s'enfuir par bandes à la montagne. »

Le 31 juillet, les Anglais tentent un premier débarquement près de la rivière Montmorency. Ils sont repoussés. Ils perdent 500 hommes. Wolfe écrit à sa mère : « Mon adversaire s'est sagement enfermé derrière des retranchements inaccessibles, de sorte que je ne puis l'atteindre sans répandre un torrent de sang et, cela, pour peu obtenir de résultats, peut-être. Le marquis de Montcalm est à la tête d'un grand nombre de mauvais soldats et j'ai sous mes ordres un petit nombre d'excellents militaires qui ne demandent pas mieux que de lui faire la lutte, mais le vieux bonhomme prudent esquive l'action, car il doute de la conduite de son armée. » Les deux armées sont à bout de forces. L'amiral Saunders suggère à Wolfe de donner l'ordre de la retraite. Il trouve son subordonné trop jeune, trop impulsif et... d'origine trop modeste, pour livrer une grande bataille. Avant d'obtempérer, Wolfe joue son va-tout.

À Pointe-aux-Trembles, petit village situé près de Neuville, à 30 km en aval de Québec, les Anglais ont fait deux cents prisonniers. Ils relâchent les enfants et les femmes, dont certaines, originaires de la capitale, cherchent à regagner Québec. Les assiégeants s'aperçoivent qu'elles utilisent un petit sentier qui leur permet de gagner les plaines d'Abraham. On pense que sur le navire amiral se trouve en outre l'espion britannique Robert Stobo, qui a réussi à s'enfuir de Québec, et qui a pu apprendre l'existence de ce sentier.

Armand, est-ce que je vais vivre longtemps ?

Montcalm croyait que le débarquement anglais aurait lieu près de Beauport, au nord de la ville, où il a massé ses hommes. Le 13 septembre, il a du mal à croire le Canadien qui, « à bout de souffle », vient lui annoncer que quatre mille Anglais ont débarqué là où il ne les attendait pas, vers l'Anse-aux-Foulons. À 5 h 30 du matin, le poste de garde français est pris. L'alerte est donnée à Québec. Les soldats quittent le camp de Beauport pour gagner l'est de la ville, après plus d'une heure d'atermoiements. À 10 heures, les deux armées sont face à face dans les plaines d'Abraham. Celles-ci doivent leur nom à Abraham Martin, dit l'Écossais, pilote royal et concessionnaire de ces lieux au XVIIe siècle. En 1908, le site prendra le nom de parc des Champs-de-Bataille.

Montcalm n'a pas le temps d'attendre le renfort des troupes de Bougainville. Les Canadiens et les Indiens commencent à tirer sur les Anglais qui leur font face. Le maréchal ne peut pas attendre que l'ennemi ait conforté ses positions. Il engage la bataille avec les Britanniques qui s'effondrent sous les balles. Avant même d'avoir pu donner l'ordre de tirer, Wolfe est tué par un tireur isolé. Les combats durent moins d'une heure. C'est alors que les Highlanders chargent en brandissant leurs épées devant l'armée française qui bat en retraite. Au moment où il s'apprête à rentrer dans Québec par la porte Saint-Louis, le marquis de Montcalm est touché sous les côtes. Il demande à son médecin : « Armand, est-ce que je vais vivre longtemps ? – Quelques heures, Monseigneur. – Je meurs heureux car je ne verrai pas les Anglais dans Québec. » Il s'éteint la nuit suivante. Contrairement à Champlain, Montcalm aura une sépulture. Au début des années 2000, Philippe Séguin a fait retrouver au couvent des Ursulines à Québec une boîte contenant le crâne et les tibias du maréchal, qui ont été solennellement enterrés.

Lors de la bataille des plaines d'Abraham, Bougainville arrive trop tard. Elle est terminée. Elle aura fait mille trois cents morts ou blessés. C'est la plus sanglante de l'histoire du Canada. Le 18 septembre, Claude-Roch de Ramezay remet aux Anglais les clés de Québec. En quelques coups de feu, la France a perdu son empire d'Amérique du Nord.

Post-mortem

Mais la guerre n'est pas finie. À titre posthume, Wolfe n'a remporté qu'un demi-succès, simplement parce que Montcalm a commis plus d'erreurs que lui. Il faut attendre le mois de septembre 1760 pour que toute la province se rende. Bougainville a demandé des renforts à Paris. Réponse du ministre de la Guerre, préoccupé par les champs de batailles européens où les Français sont malmenés par les Anglais : « Quand il y a le feu au château, on ne s'occupe pas des écuries. » Réplique de Bougainville, « le seul Français de France qui comprenne les Canadiens » : « J'aime vous entendre parler cheval ! »

Les Français comme les Anglais sont épuisés. Les premiers sont trop faibles pour reprendre Québec. Les seconds trop faibles pour la garder. Au printemps 1760, le chevalier Gaston-François de Lévis, général de l'armée française, ramasse tous les hommes valides. Il attire dans un vaste guet-apens les Anglais sur le point d'être battus. Il les assiège en comptant sur des renforts. Il attendait la Royale, ce fut la Royal Navy. Le premier bateau qui pointe à l'horizon est anglais. Les Français perdent la bataille de Sainte-Foy. C'est la fin. À Montréal, Vaudreuil capitule.

À Paris, Voltaire a publié *Candide.* « Ah, Pangloss ! Pangloss ! Ah, Martin ! Martin ! Ah, ma chère Cunégonde ! qu'est-ce que ce monde-ci ? disait Candide sur le vaisseau hollandais. – Quelque chose de bien fou et bien abominable, répondait Martin. – Vous connaissez l'Angleterre ; y est-on aussi fou qu'en France ? – C'est une autre espèce de folie, dit Martin. Vous savez que ces deux nations sont en guerre pour quelques arpents de neige vers le Canada, et qu'elles dépensent pour cette belle guerre beaucoup plus que tout le Canada ne vaut. De vous dire précisément s'il y a plus de gens à lier dans un pays que dans un autre, c'est ce que mes faibles lumières ne me permettent pas. Je sais seulement qu'en général les gens que nous allons voir sont fort atrabilaires. » Ces « quelques arpents de neige » feront de Voltaire « la parfaite tête de Turc, l'homme le plus haï du Canada pendant deux cents ans ».

La France peut être heureuse sans le Canada

Un an avant la traité de Paris (1763) qui cède le Canada à l'Angleterre, Voltaire écrit à Étienne-François de Choiseul, ministre de la Marine : « J'entends les voix de beaucoup d'étrangers. Toutes disent qu'on doit vous bénir si vous faites la paix à quelque prix que ce soit [...] Je suis comme le public. J'aime beaucoup mieux la paix que le Canada : et je crois que la France peut être heureuse sans le Québec. » Le philosophe reflète en effet l'opinion commune, pour qui le Canada est « le pays des confins du monde ». On peut le perdre sans dommages. Dans son roman *Fort Sauvage*, Claude Beausoleil fait dire à un de ses héros canadiens s'adressant à un officier anglais : « On peut céder un territoire mais pas les gens qui l'habitent. » Il a tort. La France cède les deux, la colonie et les colons.

Un autre écrivain canadien relativise cependant les propos de Voltaire en les replaçant dans leur contexte : « À l'époque où [il] écrit *Candide*, les Anglais assiégeaient Louisbourg, dont la construction et l'entretien coûtaient à la France les yeux de la tête. [...] Pour parler net, ce n'était pas une forteresse pouvant protéger l'entrée du Canada, mais un scandaleux gouffre financier. C'est cela que Voltaire avait dans l'esprit en rédigeant son paragraphe de *Candide* [1]. »

Le 10 février 1763, le traité de Paris met fin à une guerre qui porte plusieurs noms. Guerre de Sept Ans, pour les Français ; guerre de conquête pour les Canadiens ; *French and Indian War*, pour les Anglais. Pitt négocie avec Choiseul. Il est prêt à renoncer à la Nouvelle-France pour conserver la Guadeloupe. Les exportations de sucre de la Guadeloupe rapportent deux fois plus que les fourrures du Canada. De plus, les Britanniques n'auraient pas à gouverner plusieurs dizaines de milliers de catholiques. Les sucriers de Bordeaux font pression sur la Cour pour qu'elle laisse tomber la Nouvelle-France et garde les Antilles. Les Français refusent donc la proposition de Pitt. Le général Jeffrey Amherst est nommé gouverneur général du Canada et James Murray, gouverneur militaire. Les Britanniques hésitent entre répression, assimilation, ségrégation, et pratiquent les trois l'une après l'autre ou en même temps. N'étant plus en guerre, les généraux français et anglais font assaut de politesse. Ils échangent des cadeaux. Des perdrix et des bécasses répondent à un fromage de Chester : « C'est tout ce que j'ai de mieux à offrir dans les circonstances présentes... »

Le serment du Test

Pour le commun des Canadiens, devenus les « nouveaux sujets » du roi d'Angleterre, le régime militaire est plus dur. Les Britanniques se disent prêts à respecter la religion catholique « en tant que le permettent les lois de la Grande-Bretagne ». Or ces lois ne permettent rien du tout. L'assimilation est difficile car les Anglais sont cent fois moins nombreux que les Canadiens. Ils arriveront en masse plus tard. Le pro-

1. Victor-Lévy Beaulieu, *Monsieur de Voltaire*, Stanké, 1994.

cureur général remarque que c'est une gageure de vouloir « fusionner pour ainsi dire en une seule deux races qui pratiquent actuellement des religions différentes, parlent des langues qui leur sont réciproquement étrangères et sont, par leur instinct, portées à préférer des lois différentes ». Le nouveau pouvoir exige des fonctionnaires la prestation du serment du Test qui récuse l'autorité du pape, nie la transsubstantiation dans l'eucharistie, le culte de la Vierge Marie et des saints. Ce qui, en principe, exclut les catholiques des emplois publics.

Les habitants sont obligés de loger la soldatesque. Quelques Canadiennes succombent à ses charmes. Le curé de Saint-Pierre-de-la-Pérade dénonce « le scandale de quelques débauchées qui se libertinent avec des soldats anglais ». Celles qui vivent en concubinage avec un militaire anglais sont exclues des sacrements. Le gouverneur britannique réagit avec prudence. Il demande d'éviter « les réflexions peu charitables et peu chrétiennes sur les erreurs de l'aveugle religion que [les Canadiens] ont le malheur de suivre ». Les Canadiennes ont une solide réputation, que reconnaissait pour la déplorer mère Marie de l'Incarnation : « Les filles en ce pays sont pour la plupart plus savantes en plusieurs matières dangereuses que celles de France », disait-elle avec un parfait sens de la litote. Une Canadienne, Élisabeth Bégon raconte qu'au curé qui lui demandait si elle savait ce que c'était que le sacrement du mariage la future mariée avait répondu qu'elle n'en savait rien, « mais que s'il était curieux, dans quatre jours, elle lui en dirait des nouvelles ». Le chevalier de Baugy constate à la fin du XVIIe siècle que les femmes du Canada « sont pour la plupart d'assez bonne humeur ; il ne les faut pas trop prêcher, à ce qui m'a été dit, pour obtenir d'elles quelques faveurs ».

La situation économique n'est pas bonne. Le commerce des fourrures, interrompu pendant la guerre, reprend lentement mais les Indiens regrettent la fin de la concurrence entre les Français et les Anglais, quand ce n'est pas tout simplement le départ de leurs amis. Sous la direction de Pontiac, chef des Outaouais, ils se révoltent dans la Nouvelle-Angleterre. Ils sont écrasés, après que les Britanniques eurent répandu la variole chez l'ennemi à l'aide de lainages pollués. Beaucoup de Canadiens sont ruinés. Louis XV s'était engagé à honorer la « monnaie de cartes » en circulation, qui représentait l'équivalent de 41 millions de livres. Après la paix, il n'en paie qu'une petite partie. Les Anglais s'enrichissent en la rachetant au quart de sa valeur. Les Français du Canada qui veulent s'en aller le peuvent. Le nombre de prêtres chute d'un tiers. Pendant six ans, Québec n'aura pas d'évêque. Quatre mille personnes, dont deux mille militaires, s'en vont. Le général Petit qui dira au revoir à Napoléon au moment du départ pour Sainte-Hélène, était né au Canada. Le petit peuple est passif. Les élites qui restent se veulent loyales envers les nouvelles autorités.

Désinvolture et grands sentiments

Les Canadiens sont passés de la tutelle d'une monarchie absolue à celle d'une monarchie constitutionnelle. Au début, la différence ne se fait pas vraiment sentir. Le gouverneur réunira une assemblée représentative quand il le jugera bon. Mais dans un pays où, sur ordre de Richelieu et des jésuites, il n'y a avait ni journaux, ni imprimeurs, ni avocats, le « libéralisme » anglais présente quelques avantages. En 1769 paraît le premier roman canadien, sous la plume de Frances Brooke, la femme d'un aumônier militaire, *Histoire d'Émilie Montague*, édité d'abord en anglais, et en français l'année suivante. Elle décrit le Canadien prompt à une « désinvolture qui n'a d'égal que les grands sentiments, l'honneur, la hardiesse et la bravoure ». Le premier journal est publié en 1764. C'est *La Gazette de Québec*, qui se contente d'abord de reproduire les avis et informations officielles, avant de reprendre des articles des journaux européens et américains, puis de livrer ses propres commentaires politiques.

Le régime militaire prend fin en 1774 avec l'acte de Québec, qui permet aux Canadiens français d'utiliser les lois françaises pour les affaires civiles, de pratiquer leur religion « sous la suprématie du roi », aux curés de prélever la dîme et aux catholiques de devenir fonctionnaires. Les « anciens sujets », entendez les Anglais installés au Canada, sont mécontents des concessions accordées aux Français. Sur la place d'Armes de Québec, la statue du roi George III est barbouillée d'une inscription : « Le pape du Canada ou le sot anglais. » À Londres, le député de l'opposition, lord John Cavendish, déclarait : « Je croirait essentiel de ne pas rendre aux Canadiens leurs lois ; elles maintiendront leur perpétuel recours à ces lois et coutumes qui continuera à faire d'eux un peuple distinct. » Si les autorités britanniques se montrent plus conciliantes, c'est qu'une nouvelle menace se profile pour leurs possessions d'Amérique du Nord : la révolution américaine.

Une chose est sûre. Les Canadiens ont été abandonnés par la France. Bien que le traité de Paris ait été reçu comme un soulagement, voire comme une délivrance, les historiens discutent encore pour savoir quel est le traumatisme le plus important, la guerre ou la cession à la Grande-Bretagne. Quelle que soit la réponse, elle ne dissipe pas le ressentiment à l'égard des deux puissances, même si les Canadiens, aujourd'hui les Québécois, traitent différemment l'Angleterre et la France. À la première, on ne pardonne pas ; pour la seconde, on préfère ne pas y penser. L'expression « maudit Français » daterait de cette époque mais elle est, dit le pamphlétaire Jean Forest, moins une expression porteuse de haine qu'un clin d'œil critique.

Autre référence au traité de Paris, la devise du Québec : « Je me souviens. » De quoi ? D'avoir été des Français parmi d'autres, ou d'avoir été lâchés par eux ? Dans *Le Vieux Soldat canadien*, le poète Octave Crémazie évoque la vaine attente de renforts français en 1760, en même temps qu'une forme de nostalgie très en vogue au milieu du XIXe siècle :

« Là jetant nos regards sur le fleuve sonore,
« Vous attendant toujours, nous redirons encore :
« Ne paraissent-ils pas ? »

Pour la première fois, après la conquête, est apparue l'expression Province de Québec, mais elle se prononce à l'anglaise : *Province of Quebec*.

CHAPITRE 7

The Province of Quebec

En Amérique, deux conceptions de la colonisation se sont affrontées. Les Anglais progressaient lentement. Ils assimilaient chaque conquête. L'indigène renonçait à ses traditions ou était repoussé dans des contrées encore inexplorées, quand il n'était pas purement et simplement exterminé. Les Français privilégiaient les prises de possession rapides, extensives et superficielles. L'intérêt sporadique de la métropole transforme la colonisation en château de sable [1].

La première conception a triomphé. Après la conquête, le style de vie britannique commence à s'imposer, au moins dans les hautes sphères. Les « vrais » Canadiens évitent les promenades sur la Voie royale à Québec, où il est de plus en plus chic de se comporter à l'anglaise, de s'habiller à l'anglaise, de parler à l'anglaise, ou pire encore de parler français avec un petit accent mondain qui n'a de racine dans aucune langue, raconte un témoin de l'époque. Il en va de même des notables qui reconnaissent la couronne anglaise et le souverain britannique « si nécessaire à ses peuples ». « C'est à nous d'être aussi fidèles sujets du nouveau monarque que nous l'avons été, ou dû l'être du roi de France. » Les militaires de carrière, ceux en tout cas qui ne sont pas retournés en France, ont fait allégeance et se pavanent dans de beaux uniformes tout neufs, aux couleurs de sa majesté protestante et britannique, « comme les gens de nobles maisons portent leur livrée ».

---

1. Jean Hamelin, *op. cit.*

L'Église n'est pas en reste. Elle a été traumatisée par les mesures prises contre la religion catholique sous le régime militaire, mais avec le relâchement des contraintes, elle s'adapte vite à la nouvelle situation. Le cardinal Castelli écrit en 1766 : « Il faudra que les ecclésiastiques et l'évêque oublient sincèrement qu'ils sont français », afin de préserver la place de l'Église dans la société. Les intérêts français cèdent le pas aux intérêts religieux. Cette fidélité ne tarde pas à être mise à l'épreuve, au moment du soulèvement des treize colonies de la Nouvelle-Angleterre.

Décembre 1773 : « la populace de Boston » – dixit *La Gazette de Québec* – se révolte. C'est le début de la guerre d'indépendance des États-Unis. L'année suivante, le congrès de Philadelphie lance un appel aux Canadiens à constituer le quatorzième État de l'Union. Quelques jours seulement après que plusieurs des treize colonies eurent demandé l'abrogation de l'acte de Québec qui donnait des droits aux Canadiens. Selon les insurgés de la Nouvelle-Angleterre, l'acte de Québec faisait trop de concessions à « une religion qui a inondé de sang votre île [la Grande-Bretagne] et qui a répandu l'impiété, la bigoterie, la persécution, le meurtre et la rébellion dans toutes les parties du monde ». Après cette philippique anticatholique le changement de ton est spectaculaire. Un imprimeur originaire de Marseille et résidant à Philadelphie, Fleury Mesplet, qui jouera un rôle essentiel dans la diffusion de la philosophie des Lumières à Montréal, envoie deux adresses à ses « compatriotes » français. Il affirme le droit légitime des Canadiens à un gouvernement démocratique. George Washington invite les Canadiens à se ranger « sous l'étendard de la liberté générale ». Si besoin est, il est prêt à les y aider... par les armes. À l'hiver 1775, les régiments américains campent devant Québec. Le général Richard Montgomery a juré « de prendre son dîner du jour de l'an dans la ville ou chez Hadès ». Il est tué pendant le siège. L'hiver et l'arrivée à la fonte des neiges de la frégate anglaise *la Surprise*, transportant quatre mille mercenaires allemands pour pallier le peu d'enthousiasme des Britanniques à combattre leurs compatriotes et des Canadiens à mourir pour leurs nouveaux maîtres, sonnent la défaite.

La soumission la plus profonde

Les Canadiens sont restés généralement passifs. Entre la nouvelle puissance occupante et ces révolutionnaires protestants, ils observent une « neutralité bienveillante », car ils estiment n'avoir rien à gagner dans une « querelle de Britanniques ». En qualité de commissaire de la jeune République, Benjamin Franklin est venu à Montréal où il a séjourné au château Ramezay de 1773 à 1776, pour les encourager à rejoindre la nouvelle Union. Et c'est vrai que les Canadiens accueillent les nouveaux occupants avec enthousiasme aussi longtemps que le sort des armes paraît favorable à ces derniers. Cependant les Canadiens ont vécu un changement de régime quatorze ans auparavant. Ils ne veulent pas recommencer. De plus, ils ont commencé à s'habituer à cette monarchie constitutionnelle qui leur offre de nouvelles possibilités d'émancipation par rapport à la monarchie à la française. Certains signent une pétition dans laquelle ils expriment « la soumission la plus profonde » de la part des « très obéissants, très zélés et très fidèles sujets » (du roi d'Angleterre).

Pour échapper à la révolution américaine, des milliers de Britanniques « loyalistes » trouvent refuge au Canada. On les appellera les « sur-Anglais », tellement ils font du zèle dans la défense de la Couronne contre les États-Unis d'une part, vis-à-vis des Canadiens (français) d'autre part. On commence à parler de « Canadiens français » alors que jusque-là le simple nom de Canadiens désignait sans équivoque les personnes d'origine française. Certains Anglais aussi veulent être canadiens. Il faudra toutefois plusieurs décennies pour que les anglophones s'appellent aussi Canadiens.

L'indépendance des États-Unis est consacrée par le traité de Versailles en 1783. La Nouvelle-Angleterre cesse d'être britannique mais le traité ne dit pas un mot de l'ancienne Nouvelle-

France qui reste donc sous domination anglaise. Avec le marquis de La Fayette, la France a fait plus pour l'indépendance des États-Unis que pour la conservation de sa colonie américaine, malgré quelques velléités de reconquête. Quelques années plus tard, La Fayette tente bien de convaincre George Washington d'envahir le Québec au nom de la France mais le premier président américain refuse. Après la Révolution française, la Constituante se met en tête de reprendre la Nouvelle-France. En 1793, une flotte, composée pour la plupart de Canadiens français, officiellement sujets britanniques, part de Chesapeake en direction d'Halifax. C'est l'automne et nos valeureux marins ont peur de l'hiver. Ils changent de route et mettent le cap sur Bordeaux où ils sont arrêtés à cause de leurs passeports... anglais. La même mésaventure se produira en 1805. Onze habitants de Constant près de Montréal s'apprêtaient à traverser l'Atlantique pour demander à Napoléon d'envoyer un général au Canada, eux fourniront les troupes pour chasser les Anglais. Nos onze courageux ne pouvaient évidemment pas quitter Montréal sur un navire britannique. Ils partiront de New York sur un bateau américain mais leurs passeports anglais les trahiront auprès des autorités françaises.

Après la Révolution américaine, un pamphlet circule, distribué par les bons soins du représentant – controversé – de la République française aux États-Unis, le citoyen Edmond-Charles Genet. « Les Français libres » s'adressent à « leurs frères canadiens » : « Aujourd'hui nous sommes libres, nous sommes rentrés dans nos droits ; nos oppresseurs sont punis, toutes les parties de notre administration sont régénérées et, forts de la justice de notre cause, de notre courage et des immenses moyens que nous avons préparés pour terrasser tous les tyrans, il est enfin en notre pouvoir de vous venger et de vous rendre aussi libres que nous, aussi indépendants que vos voisins, les Américains des États-Unis. Canadiens, imitez leurs exemples et le nôtre, la route est tracée, une résolution magnanime peut vous faire sortir de l'état d'abjection où vous êtes plongés. » Son agent au Canada, un certain Mézières, l'avait pourtant mis en garde : « Devant un peuple entièrement plongé dans les ténèbres épaisses de l'ignorance et de l'esclavage, lui avait-il écrit, il n'est pas convenable de faire luire tout à coup le soleil de la liberté à son midi [1]. »

Le Haut et le Bas-Canada

C'était se montrer bien méprisant à l'égard des Canadiens. Les Britanniques ont en effet beau jeu d'expliquer à leurs nouveaux sujets que la France, avec sa Révolution, vient de découvrir ce qu'eux-mêmes pratiquent depuis un siècle et qu'ils tentent même d'appliquer, timidement, au Canada. En 1791, en effet, sous la pression des « loyalistes » anglais qui ne veulent pas être moins bien traités que leurs compatriotes de métropole et par peur d'une « contamination » des institutions américaines, la couronne britannique octroie une nouvelle loi constitutionnelle. La Province de Québec disparaît au profit du Haut et du Bas-Canada, séparant en principe les anglophones et les francophones et dotant chacune des deux parties d'une assemblée élue. Est électeur toute « personne » d'au moins vingt et un ans révolus, sujet britannique de naissance, par naturalisation ou conquête. La terme « personne » sous-entend que les femmes ont le droit de vote, qu'elles perdront officiellement en 1849, même si depuis longtemps elles ne votaient plus.

Le Premier ministre de Londres, William Pitt, est persuadé que les francophones seront séduits par le nouveau régime : « Les sujets français se convaincront que le gouvernement britannique n'a aucune intention de leur imposer les lois anglaises. [...] Ainsi avec le temps, ils [les] adopteront peut-être par conviction. [...] Ce sera l'expérience qui devra leur enseigner que les lois anglaises sont les meilleures. Mais ce qu'il faut admettre, c'est qu'ils doivent être gouvernés à leur satis-

1. Cité par Claude Moisy, *Le Citoyen Genet, la Révolution française à l'assaut de l'Amérique*, Éd. Privat, 2007.

faction. » Il a suivi l'avis du ministre de l'Intérieur et des Colonies, William Wyndham Grenville, qui a écrit au gouverneur du Canada : « Je suis assuré qu'il est d'une sage politique de faire des concessions à un moment où l'on peut regarder celles-ci comme autant de faveurs et où il est en notre pouvoir de régler et d'arrêter la manière de les appliquer, plutôt que d'attendre qu'elles nous soient imposées. »

Les premières élections ont lieu à l'été 1792. Le Bas-Canada est divisé en vingt circonscriptions, avec un bureau de vote dans chacune d'elles. Le vote est public. On connaît au fur et à mesure du déroulement du scrutin le candidat qui est en tête. Le bureau reste ouvert aussi longtemps que ne s'est pas passée une heure sans que quelqu'un ait voté. Il ne faut pas longtemps aux partisans du candidat le mieux placé pour comprendre qu'en bloquant pendant une heure les routes menant au bureau de vote, ils font gagner leur champion. Le Bas-Canada n'a que 10 % d'électeurs anglophones mais il aura un tiers de députés dont la langue maternelle est l'anglais. Beaucoup de Canadiens ont préféré élire un candidat anglophone qui connaisse les arcanes du parlementarisme. Comme le scrutin est public, il est d'autre part difficile de ne pas voter pour le seigneur, le notable ou le prêtre. Le premier président de la Chambre du Bas-Canada est Jean-Antoine Panet. Tout projet de loi voté par l'assemblée parlementaire doit être approuvé par le Conseil législatif nommé par le gouverneur. Les futurs conflits sont donc programmés.

Le « parti breton »

Un mode de vie s'installe. Le parlementarisme, même limité par les pouvoirs discrétionnaires du gouverneur, provoque des transformations sociales. Aux élections de 1796 et de 1800, la majorité passe des marchands riches et des seigneurs aux petits marchands canadiens français, appelés par dérision le « parti breton ». La petite bourgeoisie canadienne joue la carte de la fidélité à la couronne britannique et en même temps développe des sentiments « nationalistes ». Elle se veut le porte-parole de la « nation canadienne ». Elle vote l'exclusion de l'Assemblée des juifs, pour des raisons religieuses, et des juges, au nom de la séparation des pouvoirs. Elle réclame la responsabilité ministérielle.

À la suite de l'incendie et du sac de Washington par les Anglais en 1812, les Américains se vengent en envahissant le Canada. La fidélité des francophones est mise à l'épreuve, comme dans les années 1790. La « bienveillante neutralité » d'alors s'est muée en hostilité contre les capitalistes anti-papistes qui n'ont pas bougé quand la France napoléonienne et l'Angleterre étaient en guerre. Loin de profiter de l'affaiblissement de l'ancienne puissance coloniale, la jeune République étasunienne avait pratiqué à son tour une « bienveillante neutralité » entre les deux rivales. « Laissons les deux bandits se quereller », avait proclamé Jefferson, pourtant le plus francophile des dirigeants américains.

De surcroît, ces Américains républicains sont une menace pour la monarchie constitutionnelle à laquelle les Canadiens français se sont habitués. Pourtant les rapports entre les deux communautés ne sont pas au beau fixe. Les francophones sont las des brimades dont ils sont l'objet ; les anglophones ne comprennent pas que leurs autorités tolèrent la persistance de ce noyau français au sein d'une colonie britannique. Dans le *Quebec Mercury*, Anglicanus, dont le pseudonyme est tout un programme, écrit : « Mon grief est contre le résultat inévitable du développement inutile de la langue française dans un pays où une politique de bon sens requiert sa diminution plutôt que sa propagation. Une éducation française formera toujours un Français, quel que soit le gouvernement sous lequel il naît et il servira la France de préférence à l'Angleterre. [...] Après quarante-sept ans de possession du Québec, il est temps que cette province soit anglaise. » Anglicanus oublie que l'évêque de Québec a célébré un *Te Deum* en l'honneur de la « victoire » de Trafalgar et que le dimanche à la messe on prie pour le roi d'Angleterre, chef de l'Église anglicane.

Pour riposter à cette propagande excessive et erronée, les francophones créent un autre journal, *Le Canadien*, qui réplique : « L'expression sincère de la loyauté est loyale dans toutes les langues, celle de la déloyauté, de la bassesse et de l'envie, celle qui sème la division entre les concitoyens qui ont à vivre en frères, déshonore également toutes les langues. » *Le Canadien* renaîtra en 1831 avec la devise : « Notre langue, nos institutions, nos lois », ce qui montre combien les mentalités vont évoluer rapidement.

Avec la guerre anglo-américaine, l'occasion est donc donnée aux Canadiens francophones de montrer cette loyauté. Deux armées américaines convergent vers Montréal. Le lieutenant-colonel Charles-Michel de Salaberry, dont le grand-père s'est battu contre les Britanniques et dont le père s'est rangé à leurs côtés, forme une compagnie appelée les voltigeurs canadiens et dotée « de l'ancien esprit guerrier du pays », lit-on dans la *Quebec Gazette*. « Ils s'apprêtent à défendre leur roi qui n'est connu d'eux que par sa gentillesse, et un pays natal rendu sacré depuis longtemps par les exploits de leurs ancêtres. » Salaberry s'est retranché le long de la rivière Châteauguay. Ses cinq cents miliciens font face à une armée de quatre mille hommes. Reçus par une pluie de mitraille et incapables de percer les lignes ennemies, les Américains se retirent. Salaberry écrit à sa femme Anne pour lui dire que « l'ennemi a commencé à se replier. Je crois que nous avons sauvé Montréal pour cette année... J'espère qu'ils vont nous laisser nous reposer et que j'aurai le bonheur de te voir sous peu. Je suis très fatigué. Je t'envoie mille baisers ainsi qu'au petit ». En 1814, le traité de Gand met fin à la guerre anglo-américaine. Londres reconnaît l'indépendance des États-Unis.

Un prudent entre-deux

Une fois encore, les Canadiens francophones ont été obligés de choisir leur camp. La partie britannique de l'Amérique du

Nord reste britannique. Une sorte d'identité canadienne se forme. Les Canadiens anglais se sentent plus canadiens ; les Canadiens français se sentent plus loyaux vis-à-vis de la couronne britannique, tout en étant soucieux de défendre leur majorité au Bas-Canada. « Si les États-Unis avaient pris le Canada, quelle langue je parlerais aujourd'hui ? L'anglais. Si les Britanniques avaient battu les États-Unis, quelle langue je parlerais ? L'anglais », dit encore un vieux Québécois, en se félicitant que les Canadiens français soient restés dans un prudent entre-deux.

Le blocus continental a provoqué l'essor d'une nouvelle industrie forestière qui remplace bientôt la pelleterie comme principale ressource d'exportation. Quand la paix ou l'éloignement des batailles le permettent, la vie mondaine bat son plein à Québec comme à Montréal. En ville, les dîners et les soirées de la bonne société alternent avec les promenades galantes. La mode, pour les messieurs comme pour les dames, vient d'Europe. Les administrateurs et les militaires britanniques donnent le ton. Les élites canadiennes françaises cherchent à entrer dans ces milieux en adoptant leur mode de vie ou en y mariant leurs filles. « *My muffin !* » est le surnom charmant que les officiers britanniques donnent à leurs conquêtes francophones. L'anglomanie atteint des sommets.

Dans les campagnes, l'Église catholique veille à la moralité des « habitants » qui ne sont pas aussi dévots qu'elle le souhaiterait. Sa grande force réside dans son contrôle de tous les niveaux d'enseignement. Tandis qu'elle cherche à consolider son statut juridique, elle se veut la garante de la loyauté de ses ouailles au souverain antipapiste ; une loyauté ambiguë, qui est plus dirigée vers la Grande-Bretagne, qui a installé un système politique dont bénéficient les Canadiens français, que vers les représentants sur place de la Couronne plus sensibles aux revendications des anglophones. Ces derniers déplorent de n'avoir pas tout le pouvoir que le statut colonial devrait leur assurer. Les premiers réclament les pouvoirs que devrait leur donner leur statut majoritaire et se proclament des

« Patriotes ». Ils sont, dit le député François Blanchet en 1824, « attachés à leur gouvernement par des principes que rien ne pourra détruire, nous voulons dire des *principes anglais*, des principes libéraux ». Alors, patriotes canadiens ou canadiens français ?

CHAPITRE 8

Les Patriotes

Le grand héros des Patriotes est sans conteste Louis-Joseph Papineau. Il n'est pas toujours très constant dans ses positions politiques mais ses ambiguïtés mêmes en font un bon représentant des Canadiens français, voire un symbole. Nous « sommes séparés, partagés par le milieu comme les deux têtes à Papineau », écrit encore Jacques Godbout en 1981 [1]. Tout à tour admirateur de la monarchie constitutionnelle à la britannique, républicain partisan du système étasunien voire du rattachement aux États-Unis du Bas-Canada (francophone), radical contre les réformistes tièdes puis modéré face aux indépendantistes, il est au cœur de l'agitation politique des années 1830.

Les Canadiens français hésitent entre deux voies : se battre pour leurs droits à l'intérieur du système colonial imposé par l'Angleterre ou chercher à s'émanciper d'une métropole qui leur a donné des droits qu'ils n'avaient pas auparavant mais qui les traite comme des sujets de seconde zone ; pire, qui veut purement et simplement les assimiler, c'est-à-dire éliminer leurs signes distinctifs, en particulier la langue française et la religion catholique. Les Canadiens français se veulent-ils une partie d'un grand ensemble ou le tout d'une minuscule nation ? Question récurrente qui n'a pas vraiment été tranchée jusqu'à aujourd'hui.

Louis-Joseph Papineau est né à Montréal en 1786. Il passe son adolescence au petit séminaire de Québec qui lui inspire une certaine méfiance vis-à-vis de la religion. Il choisit la pro-

1. Jacques Godbout, *Les Têtes à Papineau*, Seuil, 1981.

fession d'avocat mais se lance très jeune dans la politique. À vingt-trois ans, il est élu député à la Chambre du Bas-Canada, au nom du Parti canadien, appelé plus tard Parti patriote. En 1815, il en est l'« orateur », traduction littérale du *speaker* anglais, c'est-à-dire le président. Il défend des principes démocratiques, par exemple l'élection du conseil législatif, sorte de Sénat, qui est nommé par le gouverneur, la responsabilité ministérielle et le contrôle des parlementaires sur les dépenses publiques. En même temps, il défend le système seigneurial. Il y voit la meilleure protection des paysans contre les appétits des capitalistes, sans cacher que lui-même est un seigneur qui a racheté à son père la seigneurie de la Petite-Nation. Il y a fait construire un somptueux manoir. Quand ses amis politiques demandent l'abolition de la seigneurie, il ne se résout à soutenir cette revendication que si elle est assortie de compensations.

Dans les années 1830-1840, deux mouvements contradictoires marquent la vie politique et sociale du Canada. D'une part, l'essor des idées libérales, nationales et démocratiques, qui ne sont pas sans rapport avec l'éveil du « printemps des peuples » en Europe, d'autre part, le renouveau religieux qui conforte la place centrale de l'Église catholique dans la société et qui n'est pas, lui non plus, une exception dans le monde occidental. La ferveur religieuse connaît un développement analogue chez les anglicans du Haut-Canada, chez les catholiques français et chez les protestants de diverses obédiences aux États-Unis. Au Canada, des communautés disparues après la conquête et le traité de Paris de 1763 renaissent ; de nouvelles communautés sont fondées ; les jésuites qui avaient disparu depuis 1800 à la mort de leur dernier représentant, reviennent.

Le choléra

Toutefois, ce qui met le feu aux poudres entre le pouvoir colonial et la Chambre, c'est la « querelle des subsides ». Le gouverneur refuse aux députés le droit de contrôler le budget

– un principe à la base du parlementarisme britannique : pas de taxation sans représentation –, et il puise dans les fonds de l'Assemblée sans l'accord de celle-ci, en fonction de ses propres besoins. Le Parti canadien, majoritaire depuis le début du XIXe siècle, proteste ; le gouverneur dissout l'Assemblée ; les nouvelles élections amènent la même majorité quand elles ne la renforcent pas... Pour tenter de mettre fin à cette fronde, l'idée surgit de rassembler les deux Canadas, le Haut-Canada peuplé d'anglophones, et le Bas-Canada à prépondérance francophone. Louis-Joseph Papineau et John Neilson, un radical anglophone, sont contre.

1832 est une date déterminante dans la montée de la tension. C'est l'année de la première grande épidémie de choléra au Canada, un mal venu des Indes cinq ans plus tôt. La maladie arrive d'Europe sur *le Carrick*, un navire en provenance d'Irlande avec à son bord des immigrants en proie à une forte fièvre. En trois jours le choléra se répand à Montréal et dans toute la province. Les conditions de vie dans les quartiers pauvres aggravent la situation. Pour éviter de créer la panique le journal *La Minerve* essaie de rassurer la population : « Il est inutile de s'alarmer, écrit-il. Dès que la maladie se déclare, il faut s'empresser de voir un médecin et de suivre ses directives. Tous les apothicaires sont munis des remèdes nécessaires et leur prix est à la portée de toutes les fortunes. » Dans les salons, on propage la théorie selon laquelle l'épidémie ne frappe que les pauvres, dans les milieux dépourvus d'hygiène.

La réalité est plus noire. Alexander Hart, un marchand juif de Montréal raconte : « Aucun de nous ne va en ville. Un grand nombre déménage à la campagne. Hier trente-quatre cadavres sont passés devant la maison, aujourd'hui, vingt-trois, sans compter ceux qui sont enterrés dans le vieux cimetière et dans le cimetière catholique – douze charrettes sont utilisées par le bureau de santé pour emporter les morts qui sont enterrés sans prières. » Son témoignage est corroboré par le récit de Pierre-Joseph Chauveau – qui sera plus tard Premier ministre du

Québec – : « Le soir c'était une procession tumultueuse, une véritable course aux tombeaux semblable aux danses macabres peintes et sculptées sur les monuments du Moyen Âge. La plupart [des gens] qui avaient parcouru ce chemin la veille en spectateurs faisaient eux-mêmes le lendemain les frais d'un semblable spectacle. » Le bilan est catastrophique, entre neuf mille et trente-trois mille victimes, jusqu'à 16 % de la population. Les Canadiens français sont convaincus que la négligence des autorités britanniques n'est pas fortuite. Elle avait pour but de les décimer.

Le drame du 21 mai 1832

La même année, l'élection partielle de Montréal se termine par un drame. Elle oppose le Parti patriote au Parti anglais, composé surtout d'hommes d'affaires conservateurs d'origine anglaise, écossaise ou américaine. Comme le scrutin dure aussi longtemps que tous les électeurs ne se sont pas présentés, à condition qu'il ne se passe pas une heure sans que quelqu'un vote, les opérations se traînent depuis déjà vingt-deux jours. Le candidat patriote, Daniel Tracey, un Irlandais, rédacteur du journal *Vindicator*, est en tête mais les responsables ne veulent pas clore le scrutin malgré les protestations grandissantes de ses partisans rassemblés sur la place d'Armes. Le 21 mai, les soldats du 15e régiment tirent sur la foule. Trois Canadiens français tombent sous les balles : Casimir Chauvin, Pierre Billet et François Languedoc. Papineau écrit au gouverneur : « Les troupes envoyées pour protéger les sujets de Sa Majesté les ont fusillés. De pareils malheurs n'avaient pas avant ce jour affligé le Canada. » Le journal *La Minerve* est plus lyrique : « N'oublions jamais le massacre de nos frères; que tous les Canadiens transmettent de père en fils, jusqu'aux générations futures les plus éloignées, les scènes du 21 de ce mois, que les noms des pervers qui ont tramé, conseillé et exécuté cet attentat soient inscrits dans nos annales, à côté de ceux de nos défenseurs pour que les premiers soient voués à l'infamie et à l'exécration, et pour que les autres soient rappelés aux souvenirs de nos arrière-petits-fils avec honneur et reconnaissance. »

Les deux communautés – on disait alors « races » – sont face à face et commencent à s'armer. Les anglophones créent le Doric Club ou British Rifle Corps, fort de quelque mille deux cents hommes. Les francophones se regroupent dans une confrérie, Les fils de la liberté, qui rêvent de réaliser au Canada ce que les Américains ont réussi dans les treize colonies, c'est-à-dire l'indépendance. La majorité des Canadiens français ont encore l'espoir, ou l'illusion, que leurs malheurs viennent des autorités britanniques locales et des Anglais conservateurs majoritaires dans le Haut-Canada. Qu'en revanche ils trouveront une oreille plus attentive auprès du gouvernement de Londres.

Les radicaux du Parti patriote n'ont plus confiance en la monarchie, que Papineau assimile à une « tyrannie ». Ils gagnent les élections de 1834. Puisque leurs revendications ne sont pas entendues par le gouverneur, ils rédigent les quatre-vingt-douze résolutions, sortes de cahiers de doléances, soutenus par une campagne de pétitions. Quatre-vingt-sept mille Canadiens les signent, qu'on baptisera les « chevaliers de la croix ». En face de certains noms figurent en effet des croix, non parce qu'ils étaient illettrés mais parce que, à cause de l'éloignement, ils n'avaient pas pu signer. Les députés vont à Londres porter les résolutions, accompagnés de responsables réformistes venus du Haut-Canada. Ils réclament pour les Assemblées canadiennes les mêmes pouvoirs, les mêmes immunités et les mêmes privilèges que pour le Parlement de Westminster. Mais ils n'y croient déjà plus. Le jeune avocat Pierre Winters adresse une lettre à Ludger Duvernay, éditeur de *La Minerve* : « J'espère qu'on cessera de pétitionner humblement et que nous parlerons en hommes libres ou du moins nés pour la liberté. Alors j'espère que le cri universel et d'un bout du pays à l'autre sera la liberté ou la mort et que nous chanterons "Vivre libre ou mourir". »

Le gouverneur tente d'amadouer les francophones en proposant aux plus modérés d'entre eux des postes dans l'administration. Cette idée ne fait qu'aggraver la situation car les anglophones sont fort mécontents. On se répond d'un journal à l'autre. Dans le *Montreal Herald*, Adam Thom, sous le pseudonyme de Camillus, du nom du général romain qui a chassé les Gaulois de Rome, appelle ses compatriotes à la révolte : « Les Anglais de cette province sont restés engourdis trop longtemps. Il y a un temps pour l'action et un temps pour le sommeil. Il est une chose certaine : la première goutte de sang qui sera répandue dans la colonie pour l'agrandissement de la faction française soulèvera l'indignation de tout Anglais que l'avarice ou l'ambition n'auront point transformé en traître. *Vae Victis !* Malheur aux vaincus qu'ils soient des chasseurs de place anglais ou des Français démagogues. »

Une fin de non-recevoir

En avril 1837 arrive la réponse de Londres aux quatre-vingt-douze résolutions. En dix points, le ministre d'État aux Colonies, lord John Russell, leur oppose une fin de non-recevoir. Le huitième point est une véritable provocation. Il autorise le gouverneur à se servir des fonds de l'Assemblée sans l'autorisation de cette dernière, une pratique courante dénoncée par les députés. La résistance s'organise. Papineau refuse de recourir aux armes mais proclame le boycottage des produits importés – essentiellement anglais –, alors que les taxes représentent la principale source de revenus pour le gouvernement colonial. Le mot d'ordre est : contrebande. La Saint-Jean-Baptiste, qu'on célèbre depuis 1834, prend en 1837 l'allure d'une fête anti-britannique. En 1977, par décret du Parti québécois au pouvoir, elle deviendra la fête nationale du Québec. En attendant, dans les années 1830, l'idée d'une intégration dans les États-Unis apparaît. « Cette union est séduisante, dit Papineau, et la nôtre *dans le moment actuel* est humiliante. » Mais l'idée disparaît aussi vite qu'apparue.

Pour répondre au boycottage, le gouverneur dissout l'Assemblée. Des assemblées patriotiques se forment alors dans la plupart des paroisses. Elles votent des revendications de plus en plus radicales. Le 23 octobre, à Saint-Charles, dans la vallée de la rivière Richelieu, un arbre de la liberté surmonté d'un bonnet phrygien est planté. Cette agitation inquiète Papineau, selon lui, toutes les voies constitutionnelles n'ont pas encore été épuisées mais il est dépassé sur sa gauche. Wolfred Nelson, chef des Patriotes de Saint-Denis, rejeton d'une famille anglaise marié à une Canadienne française, lance un véritable appel à la rébellion : « Je vous conseille, dit-il à ses concitoyens, de mettre de côté vos plats et vos cuillers en étain afin de les fondre pour en faire des balles. » Des miliciens en armes l'écoutent au garde-à-vous. Le lendemain, Mgr Jean-Jacques Lartigue, évêque de Montréal, rappelle l'enseignement de l'Église sur la soumission au prince. « Ne vous laissez donc pas séduire, écrit-il à ses ouailles, si quelqu'un voulait vous engager à la rébellion contre le gouvernement établi, sous prétexte que vous faites partie du Peuple souverain. » Les exhortations s'accompagnent de menaces : ceux qui mourraient les armes à la main seraient privés de sépulture chrétienne. En retour, les Patriotes dénoncent le clergé auquel ils promettent un sort funeste à l'issue de leur victoire.

À la même époque en Europe comme en Amérique latine, des peuples se battent pour être indépendants et souverains. Les « nouveaux Anglais » des États-Unis ont montré la voie quelques décennies plus tôt. Les Patriotes considèrent que l'heure a aussi sonné pour le Canada. Le 23 novembre 1837, à Saint-Denis, huit cents d'entre eux affrontent trois cents soldats du régiment Royal Scots, réputé un des plus coriaces de l'armée anglaise. Le notaire Philippe-Napoléon Pacaud est en première ligne. Il ne cache pas ses sentiments profonds derrière des considérations idéologiques. C'est « le vieil instinct de haines traditionnelles de races qui se réveillait en nous ; nous combattions le despote, mais c'est surtout l'Anglais que nous aimions coucher en joue ! » Douze soldats et treize Patriotes sont tués. Le chef des Royal Scots ordonne la retraite.

Le répit sera de courte durée. Deux jours plus tard, l'armée est décidée à briser la résistance dans la bourgade de Saint-

Charles. Deux cent cinquante Patriotes sont retranchés derrière une barricade autour du manoir seigneurial. Ils font face à quatre cent vingt-cinq Royal Scots. C'est le bain de sang. Cent cinquante Patriotes et trois soldats sont tués. Louis-Joseph Papineau, qui n'a pas pris une part directe au soulèvement mais dont la tête a été mise à prix, Wolfred Nelson et des centaines de leurs partisans se réfugient aux États-Unis. D'autres sont capturés et emprisonnés. Les dernières poches de résistance sont réduites par l'armée qui pille et incendie les villages des Canadiens francophones. La tentative d'émancipation a fait long feu. Elle n'est pas terminée pour autant. Le Haut-Canada aussi connaît des soulèvements contre le joug colonial.

Déclaration d'indépendance

Depuis Middleburg dans le Vermont, où il s'est replié, un chirurgien connu de Montréal, Robert Nelson, frère de Wolfred, prépare avec des deputés radicaux anglophones une déclaration d'indépendance. Aidé de quelques militants européens – les « mercenaires de la liberté » –, qui ont rejoint les Patriotes, il fait une incursion au Bas-Canada et proclame la République. Dans ce nouvel État, tous les citoyens, y compris les Sauvages, auront des droits égaux ; l'Église sera séparée de l'État ; les seigneuries seront abolies, la liberté de la presse garantie, les élections secrètes et l'usage de la peine de mort limitée. « On se servira des langues française et anglaise dans toutes les matières publiques. » Cette fois encore, l'échec est total. De centaines de Patriotes sont emprisonnés, douze sont pendus, cinquante exilés en Nouvelle-Galles-du-Sud. Dans le Haut-Canada, dix-sept insurgés sont exécutés et cent trente déportés.

Les Américains du Vermont, du Maine et de New York ont montré à l'égard des Patriotes la « bienveillante neutralité » que les Canadiens avaient manifesté pour la révolution américaine. Quant au président américain Van Buren, il privilégie de bons rapports avec la Grande-Bretagne à un soutien aux rebelles canadiens, même si ceux-ci partagent les idéaux des « pères fondateurs » des États-Unis. La France, elle, reste bien lointaine. L'ambassadeur français à Washington, M. de Pontois, qui voyage au Bas-Canada à l'été 1837, éprouve « un sentiment de douleur et de regret » mais il n'a rien d'autre à offrir. Les Français, qui sont très présents dans les luttes d'émancipation en Europe, ont sans doute « une vive sympathie, vive mais stérile » pour ceux qu'on appellera à la fin du siècle « nos cousins d'Amérique » mais ils ne se mobilisent pas. Durant son exil à Paris, Papineau constatera cette compassion navrée.

Ces « troubles », selon la litote employée pour désigner ces tentatives de soulèvement, inquiètent évidemment le gouvernement de Londres. Sa Majesté envoie au Canada un nouveau gouverneur général, John George Lambton, premier comte de Durham, pour enquêter sur les causes de rébellion. Cet aristocrate est un libéral réformiste qui se targue d'arriver avec des sentiments « amicaux » envers les Canadiens. Il se veut un arbitre agissant « avec la plus stricte impartialité ». Son premier souci est de régler le sort des exilés et des prisonniers. Il bannit à vie ceux qui se sont réfugiés aux États-Unis, en expulse quelques-uns vers les Bermudes et en fait libérer cent cinquante-trois en l'honneur du couronnement de la reine Victoria. Il se félicite, un peu rapidement, d'avoir ramené le calme dans la colonie : « Pas une goutte de sang ne fut versée, écrit-il à la souveraine. On traita les coupables selon la justice, et ceux qui avaient été mal conseillés, avec miséricorde. Les loyaux sujets de cette province jusqu'ici égarée retrouvèrent la sécurité. » La manière dont lord Durham conçoit sa mission ne fait pas l'unanimité à Londres. Melbourne, le Premier ministre, estime qu'il a outrepassé ses pouvoirs en bannissant des Patriotes sans jugement. Il le rappelle en Grande-Bretagne. Le nouveau gouverneur général est un militaire.

Au moment où Durham quitte Québec, les Patriotes, qui se sont clandestinement regroupés dans une société secrète, Les Frères chasseurs, projettent de marcher sur Québec et Montréal, où leurs partisans doivent se soulever. Un espion vend la mèche. Il n'y aura pas de soulèvement. La répression est plus terrible qu'en 1837. Plus de mille personnes sont arrêtées et cent huit traduites en justice. Douze sont exécutées, une soixantaine sont déportés.

Le mouvement a souffert d'au moins deux faiblesses. D'abord, il est extrêmement minoritaire. Il ne concerne qu'un petit nombre de convaincus regroupés dans une aire géographique limitée. Pour l'immense majorité des Canadiens, la voie constitutionnelle est le meilleur moyen d'obtenir les changements désirés. C'est aussi le point de vue de l'Église catholique qui souhaite renforcer sa position sans mettre en danger ses principes conservateurs. Ensuite, les Patriotes sont divisés quant aux objectifs ultimes de leur action. Ils sont certes attirés par les idées démocratiques et républicaines, mais ils divergent sur la manière, réformiste ou radicale, de les mettre en œuvre et ils ne sont pas d'accord sur le cadre dans lequel ils veulent agir. Ils sont prêts à se dire « ni français, ni anglais, ni yanké *(sic)*, mais canadien », mais ils ne donnent pas nécessairement le même sens à cette définition. Certains ne rejettent pas l'union avec les États-Unis, « séduisante », comme le disait Papineau. D'autres, voire les mêmes à des moments différents, veulent être indépendants et de la Couronne britannique et des États-Unis : « Nous les connaissons [les Américains], et notre défaut est une extrême confiance dans les étrangers, et une méfiance impardonnable dans nos compatriotes, et de nous-mêmes », écrit Ludger Duvernay dans son journal *La Minerve*. Indépendants, mais pour quoi faire ? Fonder une république démocratique, moderne, laïque ? Ou défendre les vertus traditionnelles d'une province catholique marquée par l'Ancien Régime ?

Le rapport Durham

Le rapport que remet à la reine lord Durham, à l'issue de sa courte mission, a été rédigé en grande partie par le chef de son secrétariat, Charles Buller, membre de la chambre des

Communes, de tendance radicale [1]. Il ne laisse aucun choix aux Canadiens français. L'aristocrate éclairé a rencontré « un peuple rétrograde, sans histoire et sans littérature ». Comme à Voltaire et ses « quelques arpents de neige », l'expression lui sera beaucoup reprochée. Durham n'avait pas totalement tort s'il évoquait l'histoire écrite. La première *Histoire du Canada*, de François-Xavier Garneau, paraît quelques années plus tard. Ce même François-Xavier Garneau qui, en 1838, a dédié un poème à lord Durham :

« Sur ce grand continent, le Canadien sera

« Le dernier combattant de la vieille Angleterre. »

Quant à la littérature, le Bas-Canada n'avait produit qu'un seul roman, en 1837, dû à Frances Brooke, *Histoire d'Émilie Montague*, qui était une traduction de l'anglais. Le véritable essor de la littérature francophone viendra en réaction au rapport.

Pour Durham, il existe deux manières de traiter un territoire conquis : ou bien on respecte les mœurs des conquis et on ne donne aucun encouragement à l'immigration du peuple conquérant – c'est la solution avec les vieux pays –, ou bien on traite le pays conquis comme un territoire ouvert aux vainqueurs et on s'efforce d'assimiler le plus rapidement possible les nouveaux sujets. « Le premier système aurait été impossible sur le continent américain, explique lord Durham. À moins que le gouvernement britannique ne fût prêt à abandonner à la population éparse canadienne française qui se trouvait dans le Bas-Canada, non seulement la possession de cette vaste étendue de sol fertile que renferme cette province, mais aussi l'embouchure du Saint-Laurent et toutes les facilités de commerce que commande ce grand fleuve. » À quoi s'ajoute que l'envoyé de la Couronne juge les Canadiens français si sympathiques qu'il les voit dignes de devenir de bons sujets britanniques. Pour accélérer le processus d'assimilation, il suggère de favoriser

1. Charles Buller était en relation avec Alexis de Tocqueville. Il avait collaboré au journal *Le Commerce* quand l'auteur de *La Démocratie en Amérique* le dirigeait.

l'immigration massive d'anglophones et de réunir les deux Canadas. « Je m'attendais à trouver un conflit entre le gouvernement et le peuple ; je trouvai deux nations en guerre au sein d'un même État ; je trouvai une lutte non de principes mais de races. » Il faut éliminer la haine avant de changer les institutions, poursuit-il, et pour ce faire il faut que les Canadiens francophones se dépouillent de leurs particularités : « La langue, les lois et le caractère du continent nord-américain sont anglais ; et tout autre race que la race anglaise y apparaît dans un état d'infériorité. C'est pour les tirer de cette infériorité que je désire donner aux Canadiens notre caractère anglais. »

Il n'en préconise pas moins des changements dans le mode de gouvernement. Il a songé à réunir dans une fédération toutes les colonies britanniques au nord des États-Unis mais dans un premier temps, il se limite à proposer la fusion des deux Canadas afin de laisser le temps aux francophones de s'éteindre, en tant que tels, « *by the working of natural causes* » (par l'effet des causes naturelles). La Province du Canada ou Canada-Uni aura une Assemblée unique, élue, avec le même nombre de représentants pour chaque entité (quarante-deux). C'est une égalité trompeuse car le Bas-Canada (650 000 habitants) est plus peuplé que le Haut-Canada (450 000), et avec les anglophones qui y habitent, les Anglais sont assurés d'avoir la majorité à la Chambre. Ce n'est que dans la seconde moitié des années 1850 que les habitants du Haut-Canada seront plus nombreux que ceux du Bas-Canada, à cause de la politique d'immigration. Ils demanderont alors « *Rep by pop* », la représentation selon la population autrement dit la représentation proportionnelle.

Deux autres articles de l'Acte d'Union indignent les Canadiens, que, à partir de ce jour, on appellera Canadiens français, avant qu'ils ne deviennent Québécois dans les années 1960 : la fusion des dettes entre le Haut et le Bas-Canada – le premier étant beaucoup plus endetté que le second, les francophones vont supporter une partie du déficit du premier –, et l'article 41 qui fait de l'anglais la langue officielle du nouvel ensemble. Le

23 juillet 1840, la reine Victoria signe l'Acte d'Union des deux Canadas. L'historien Denis Vaugeois le qualifie de « nouvelle conquête ». La première avait eu lieu en 1763.

L'alliance des mécontents

La réforme Durham ne règle rien et fait surtout des mécontents. Les Canadiens français sont déçus de ne pas avoir obtenu ce qu'ils souhaitaient. Quand Papineau rentre de son exil français, il se prononce contre l'union des deux Canadas. Le nouveau chef des francophones, Louis-Hyppolite La Fontaine, prône au contraire le réformisme, à l'intérieur du système, en accord avec la hiérarchie catholique. L'union est-elle dans « l'intérêt bien entendu des populations » ? « Il faut laisser au temps la solution de ce problème », répond-il. En 1842, La Fontaine fait son premier discours devant l'Assemblée unique. Il le prononce en français : « Quand même la connaissance de la langue anglaise me serait aussi familière que celle de la langue française, je n'en ferais pas moins mon premier discours dans la langue de mes compatriotes canadiens français, ne fût-ce que pour protester solennellement contre cette cruelle injustice de l'Acte d'Union qui tend à proscrire la langue maternelle d'une moitié de la population du Canada. Je le dois à mes compatriotes ; je me le dois à moi-même. »

Les Canadiens anglais, eux, sont furieux des concessions consenties aux francophones. En 1849, l'article 41 est abrogé. Le nouveau gouverneur, lord Elgin, celui-là même qui quelques années plus tôt a « pillé » les trésors de l'Acropole à Athènes – il est par ailleurs le gendre de Durham –, prononce le « discours du trône » dans les deux langues. Tocqueville affirme que lord Elgin « avait voulu laisser aux Canadiens le choix de leurs administrateurs » mais que les Français ne voulaient pas. Ils voulaient continuer à être administrés par des fonctionnaires choisis par le gouverneur pour ne pas avoir « la charge et l'ennui de gérer leurs affaires publiques ». Tocqueville voit dans ce refus les traces laissées par les mauvaises habitudes prises sous la monarchie absolue. « Ce qui aurait semblé une énormité aux Anglais, écrit-il, passait aux yeux des Canadiens français comme un avantage. » Lord Elgin obligea les Français à s'administrer eux-mêmes. « Et si un jour on voulait ravir aux fils ce qu'il fallut imposer aux pères, poursuit Tocqueville, l'indignation serait grande sans doute dans le Canada français. »

Des émeutes éclatent à Montréal. Les loyalistes et « orangistes », c'est ainsi qu'on appelle aussi les anglophones, incendient le parlement de la ville. Ils veulent faire rendre gorge à ces « scieurs de bois et charroyeurs d'eau » – entendons les Canadiens français –, qui prétendent être leurs égaux. Et paradoxalement pour des Anglais dont beaucoup sont les descendants des réfugiés qui ont fui les États-Unis après l'indépendance, ils réclament le rattachement aux États-Unis.

Ils sont – autre paradoxe – soutenus par le Parti rouge des Canadiens français. On attend la solution de tous les problèmes de cette annexion par les États-Unis, qui offrent un grand marché, des capitaux en abondance, des chemins de fer en plein développement, des produits moins chers et des débouchés pour le bois canadien. La demande de rattachement reste sans lendemain. Au moment de l'union du Haut et du Bas-Canada, les Canadiens ont hésité à adopter le dollar américain de préférence à la livre sterling. Finalement, la monnaie du Canada sera le dollar canadien.

La guerre de Sécession (1861-1865) repose la question des relations avec les États-Unis. Les Canadiens français, à l'exception de la presse conservatrice, sont plutôt favorables à la cause anti esclavagiste des Nordistes. Quelques-uns s'enrôlent même dans leurs rangs. La Grande-Bretagne a en revanche des sympathies pour les confédérés, elle voit d'un bon œil l'affaiblissement de la République américaine qui envisage d'annexer le Canada pour compenser la perte éventuelle des États du Sud. Trente mille Noirs se réfugient au Canada.

Dans l'autre sens, des centaines de milliers de Canadiens français émigrent au même moment vers la Nouvelle-Angleterre où le boom industriel bat son plein. L'épiscopat québécois condamne les chevaliers du travail, *Knights of Labor*, sorte de syndicat qui recrute de la main-d'œuvre, et il obtient le soutien du pape. La condamnation papale est levée un peu plus tard à la demande des évêques catholiques américains.

« Il faut qu'une des deux races, la saxonne ou la française, disparaisse du Canada », clame un journal anglophone. Une solution consiste à noyer les francophones dans un ensemble encore plus vaste que l'union des deux Canadas. Il suffit de regrouper toutes les colonies britanniques au nord des États-Unis. En même temps, le Canada craint une union des seules provinces maritimes dont il serait exclu. Il s'invite à la conférence sur le lac Victoria d'où sortira le Dominion du Canada. Le 1er juillet 1867, la Constitution du Dominion du Canada entre en vigueur par le British North America Act. Les francophones n'ont pas pu s'y opposer. « Avant l'Union, nous avions un Anglais devant nous; avec l'Union nous en avons un en avant et un en arrière. Avec la Confédération nous en aurons toujours un en avant, un en arrière, un de chaque côté et peut-être un sur la tête », écrit Jean-Baptiste-Éric Dorion, journaliste et frère du chef du Parti rouge.

La Confédération compte d'abord quatre colonies, le Haut et le Bas-Canada, le Nouveau-Brunswick et la Nouvelle-Écosse. Les autres provinces entreront petit à petit, la dernière étant Terre-Neuve, en 1949.

Avec un gouvernement autonome, la province du Québec renaît. La Constitution de 1867 instaure un système de relations très compliquées entre le gouvernement central et les provinces. À l'époque par exemple, le mariage est régi par la province mais le divorce par l'État fédéral. Autre exemple : pour la construction d'un pont sur le Saint-Laurent, trois niveaux de pouvoir sont concernés. L'eau relève en effet du fédéral, le lit du fleuve du provincial et les rives sont de compétence municipale. La tutelle des nations amérindiennes revient à l'État central. En fait, la Constitution de 1867 contient en germe une tendance centralisatrice qui se manifestera pleinement dans les années 1970. En ce qui concerne la politique étrangère, elle reste du ressort de la Grande-Bretagne. Le Canada sera cependant invité à la conférence de Versailles après la Première Guerre mondiale et aura une plus grande autonomie en la matière à partir de 1919. En 1931, le statut de Westminster lui accordera la gestion complète de sa politique extérieure.

Une autre source de conflit est créée. Les anglophones du Québec obtiennent plus de garanties que les francophones des autres provinces. Le bilinguisme officiel masque mal les volontés hégémoniques de l'anglais. L'autonomie des écoles est protégée dans leur caractère religieux mais pas selon leur appartenance linguistique. La bataille pour l'identité canadienne française se poursuit ; la bataille pour l'identité québécoise recommence, dans le souvenir des luttes des années 1830. Le poète Antoine Gérin-Lajoie a écrit *Un Canadien errant* à la gloire des Patriotes condamnés :

« Si tu vois mon pays
« Mon pays malheureux
« Va dire à mes amis
« Que je me souviens d'eux. »

Chapitre 9

Une petite Rome

Le Québec est né sous le triple signe de l'évangélisation, de la Contre-Réforme et du cléricalisme du XIXe siècle. Ces marques ont façonné son image, plus encore que le pays lui-même. Elles l'ont aussi faussée. Elles ont exposé le portrait d'un peuple québécois dévot, voire bigot, conservateur, voire arriéré. Elles ont laissé croire à une Église – catholique – toute-puissante, depuis l'arrivée des premiers missionnaires au XVIIe siècle jusqu'à la Révolution tranquille des années 1960. Cette image n'est pas complètement erronée. Mais elle ne rend pas compte de la diversité des situations, des contradictions d'une société plus contrastée que la pesante tutelle d'un clergé réactionnaire pourrait le laisser croire.

Après les « troubles » de 1836-1838, les chefs politiques des Canadiens français et les élites civiles sont décimées par la répression. Les chefs religieux prennent leur place. La société a été en quelque sorte décapitée. L'Église remplit le vide. Ce que disait l'historien André Siegfried – « c'est le clocher du village qui a donné un centre » à nos compatriotes – pour le lendemain de la conquête, vaut pour les années 1830. L'Église devient un acteur social, et même politique, de premier plan, alors que ses tentatives de sortir du domaine religieux n'avaient dans le passé pas toujours été couronnées de succès. Elle y est aidée par les hésitations du pouvoir colonial qui tâtonne quant au meilleur moyen de maintenir son autorité. Face à elle, le mouvement libéral est affaibli par les échecs des Patriotes et divisé sur la doctrine. Le libéralisme à l'anglaise gagne du terrain sur la conception française, plus révolutionnaire, née des Lumières et du « printemps des peuples européens ». Wilfrid Laurier, chef du Parti libéral canadien, qui sera le premier Canadien français à être chef du gouvernement fédéral en 1896, se définit ainsi : « Nous sommes libéraux comme on est libéral en Angleterre », et non pas comme « ces prétendus libéraux à la française qui cherchent à faire triompher les idées par la violence et l'effusion de sang ». Cette forme de libéralisme ne trouve pas davantage grâce auprès de l'Église à cause de son côté laïque sinon anticlérical. Les curés appellent en chaire à voter contre le parti de Laurier et conjurent les enfants d'user de leur influence pour éviter la « damnation » de leurs parents.

La France traditionnelle contre la France impie

La tradition contre-révolutionnaire s'impose, même si elle est loin de faire l'unanimité, grâce à la conjonction de deux courants. Les conservateurs britanniques s'appuient sur le pouvoir de l'Église catholique, opposée à la révolution « sacrilège et sanguinaire ». Les récits de la Révolution française, de la décapitation de Louis XVI, de la Terreur, de la confiscation des biens religieux, des années sombres de l'Empire napoléonien, sont agités à gogo comme autant d'épouvantails. Cette démonisation de la récente histoire de France convient à la hiérarchie catholique qui joue le jeu. Elle applique le principe : « Rendez à Dieu ce qui est à Dieu et à César ce qui est à César. » Sa loyauté à l'égard de la Couronne lui permet de freiner l'ascension d'une bourgeoisie éclairée. L'épiscopat assimile les libéraux canadiens français aux Chemises rouges qui, en Italie, ont chassé le pape de Rome, malgré le contingent de zouaves envoyé, trop tard, par l'Église canadienne. D'autre part, les ultramontains – tournés vers Rome – l'emportent sur les gallicans – partisans d'une Église « nationale », plus autonome par rapport au Vatican. On voit encore de nos jours au Québec beaucoup de clochers surmontés de la croix et du coq gaulois, vestiges de ce gallicanisme.

Mgr Ignace Bourget, évêque de Montréal, crée une « petite Rome » dans son diocèse. Il fait construire une cathédrale qui sera un Saint-Pierre-de-Rome, en modèle réduit (un tiers). La basilique Marie-Reine-du-Monde est implantée à l'ouest du Vieux-Montréal, dans un quartier anglophone et protestant. Mgr Bourget veut y affirmer la présence de l'Église catholique. Lorsqu'il visite la ville en 1881, Mark Twain, l'écrivain américain (« étasunien », dirait-on au Québec), est frappé par le nombre d'églises : « C'est la première fois, dit-il, que je suis dans une ville où vous ne pourriez pas jeter une brique sans casser un vitrail. » Entre 1830 et 1880 le nombre de religieux, réguliers et séculiers, a été multiplié par dix. Mgr Bourget « romanise » la vie religieuse, impose le port du col romain pour les prêtres, introduit la liturgie romaine à la messe et la prononciation du latin à l'italienne. C'est aussi une manière de marquer l'éloignement d'avec la France.

L'ultramontain Jules-Paul Tardivel le dit sans détour : « Nous aimons la France d'autrefois, la France puissante, grande et glorieuse, la France fille aînée de l'Église. Nous aimons aussi la France catholique de nos jours. Mais la France moderne, telle que la Révolution l'a faite, la France déchue de son antique splendeur, la France impie, la France républicaine en un mot, ne nous inspire qu'un sentiment qui est un mélange d'horreur et de pitié. »

Au même moment se développe un débat sur la « vocation de la race française en Amérique » entre les catholiques et les tenants d'une nationalité canadienne française. Autrement dit, les descendants des Français immigrés depuis le XVIIe siècle sont-ils là pour porter bien haut le drapeau de la religion catholique – dans ce cas l'immigration irlandaise de langue anglaise constitue un appoint bienvenu –, ou pour défendre des valeurs, qui passent notamment par la langue, françaises avant d'être religieuses ? Il ne suffit pas de répondre, comme quelques-uns le font à l'époque, que « la langue est la gardienne de la foi et la foi, la gardienne de la religion » pour résoudre la difficulté. En tout cas, pour Mgr Louis-François Laflèche, la réponse ne fait aucun doute : « La Mission providentielle du peuple canadien est essentiellement religieuse : c'est la conversion au catholicisme des pauvres infidèles qui habitent le pays, et l'extension du royaume de Dieu par la formation d'une nationalité avant tout catholique. » Un autre ultramontain, François-Edmé Rameau de Saint-Père, affirme que la divine Providence a voulu la conquête du Canada par les Anglais pour épargner les horreurs de la Révolution à ce « peuple catholique et subsidiairement français ». « La simplicité des existences, la douce fraternité des familles, l'heureuse harmonie qui réunit toute la paroisse sous la direction paternelle et aimée de son curé, y rappellent quelques fois ces rêves de l'âge d'or, qui d'ici ne nous semblent appartenir qu'aux fantaisies de l'imagination. »

Si le Canada n'est pas tout à fait le paradis, il aspire à être une société idéale. Même un libéral comme Henri Bourassa qualifie le Canada de « coin de terre à part [en Amérique] où l'état social, religieux et politique se rapproche le plus de ce que l'Église nous apprend être la plus désirable des sociétés ».

Le contrôle de l'éducation

Dans le vide créé par des institutions contestées et instables, l'Église prend le pas sur l'État. Notamment dans un domaine essentiel, celui de l'éducation, qu'elle contrôle directement. L'instruction obligatoire est tenue pour une « source d'orgueil pour les pauvres ». Elle est propagée par les libéraux, et les francs-maçons, que la hiérarchie catholique dénonce au même titre que les juifs – qui font travailler les Canadiens le dimanche et détruisent la morale par le cinéma et l'alcool –, et les bolcheviks, qui fomentent un complot international pour répandre le communisme. L'Église essaie de contrôler les lectures par son réseau de bibliothèques paroissiales qui exercent une censure stricte sur les livres, en écho à l'exhortation d'un évêque : « Et surtout, nos très chers frères, cessez la lecture des livres impies qui se répandent dans le diocèse. » D'ailleurs la lecture en soi, si elle ne se limite pas à quelques ouvrages pieux, est déconseillée. « Lire fait dans le peuple plus de mal que de bien, explique *L'Action catholique.* Lire sert à imbiber les esprits d'idées fausses, sottes ou niaises, à secouer les nerfs d'émotions violentes et malsaines, à gaver les imaginations de faits divers et d'idées disparates qui font bourdonner les têtes et empêchent de réfléchir et de s'appliquer aux idées sérieuses. » Pas très étonnant dans ces conditions que l'élite catholique qui a accueilli, en 1881, le général Boulanger, ait détesté la IIIe République anticléricale et manifesté plus tard des sympathies pour Mussolini, Salazar, Franco puis Pétain.

Tous les observateurs ne sont pas d'accord avec cette appréciation du rôle du catholicisme et surtout de son caractère réactionnaire. Tocqueville a trouvé une religion qui « n'est accompagnée ici d'aucun des accessoires qu'elle a dans les pays du midi de l'Europe ». Il a rencontré un clergé « libéral, éclairé et cependant profondément croyant ». Les Canadiens lui ont expliqué que les prêtres qui arrivent d'Europe, au contraire, ont une tendance politique totalement différente.

L'obscurantisme supposé de l'Église est contesté et son emprise sur la vie intellectuelle est disputée. En 1844, à l'initiative d'intellectuels libéraux, est créé l'Institut canadien, qui échappe à la tutelle de l'Église. Dix ans après, il compte sept cents membres et dispose d'une bibliothèque de quatre mille volumes. Dans son système d'éducation – encore le seul au Canada au XIXe siècle –, l'Église privilégie les études classiques menant à des professions libérales, au détriment de l'enseignement technique et commercial. Elle affirme que les Canadiens français ne sont pas faits pour la banque et le commerce, abandonnés aux mains des anglophones. Ceux-ci occupent par conséquent les professions les plus dynamiques et les plus rémunératrices, agrandissant le fossé social entre les deux communautés.

C'est que l'Église catholique voit dans l'industrialisation un double péril. L'industrialisation mine les valeurs traditionnelles sur lesquelles est assis le pouvoir de la religion et, avec ses corollaires, la modernisation et l'urbanisation, elle déracine ses ouailles. De plus, elle arrive dans le sillage des États-Unis, mercantiles, protestants et républicains, qui apportent avec eux toutes sortes d'abominations, comme le cinéma, le divorce ou le féminisme. En effet, les investissements américains au Canada explosent. « Nous ne sommes pas faits pour l'industrialisation », lance le théologien Louis-Adolphe Paquet dans un sermon : « Notre mission est moins de manier des capitaux que de remuer des idées, elle consiste moins à allumer le feu des usines qu'à entretenir et à faire rayonner au loin le foyer lumineux de la religion et de la pensée. »

Le retour à la terre

Alors que le continent américain vit une gigantesque révolution industrielle qui draine vers les villes des centaines de milliers d'ouvriers, y compris des Canadiens, qui passent de l'autre côté de la frontière méridionale, l'Église du Canada prône le retour à la terre pour combattre les maux des villes. Dans un pays où, contrairement aux idées reçues, la partie de la population qui vit en ville est plus importante qu'en France, et ce depuis la fin du XVIIe siècle. Pour les autorités religieuses, l'attachement à la terre, qui n'est pas totalement contradictoire avec l'urbanisation, est une garantie de stabilité, d'ordre social, de sécurité et de santé « spirituelle ». C'était déjà vrai au début de la conquête quand l'Église pestait contre les « coureurs des bois », symboles d'instabilité, d'insécurité matérielle et de moralité fluctuante. Dans la première moitié du XXe siècle, la littérature canadienne française est dominée par les idéaux traditionnels liés à la terre, à la paroisse rurale. Elle exalte le mode de vie paysan fondé sur la survivance plutôt que l'échange commercial, désincarné et intéressé. L'Église crée des syndicats catholiques moins pour défendre les ouvriers contre les capitalistes que pour défendre le Canadien français catholique contre les tentations du monde moderne.

Il faudra attendre les lendemains de la Seconde Guerre mondiale et la grève de l'amiante de 1949 pour que des autorités ecclésiastiques se rangent aux côtés des ouvriers contre l'ordre établi. Les grévistes se battent pour leur vie et celle de leurs enfants, constatera alors le chanoine Lionel Groulx. Et l'archevêque de Montréal, Mgr Joseph Charbonneau ajoutera : « La classe ouvrière est victime d'une conspiration qui veut son écrasement et, quand il y a conspiration pour écraser la classe ouvrière, c'est le devoir de l'Église d'intervenir. » L'intervention de Mgr Charbonneau déplaira aux industriels de l'amiante et au gouvernement provincial de Maurice Duplessis. Le prélat sera bientôt démis de ses fonctions par Rome, pour des « raisons administratives ». Dans les années 1950, cet épisode fournira à John Thomas McDonough le thème d'une pièce de théâtre, *Charbonneau et le chef*, qui met en scène les rapports entre l'archevêque et Duplessis.

Catholique ou française ? Au XIXe siècle, la réponse à cette question est clairement : d'abord catholique, ensuite française. Cet ordre des priorités n'est pas sans danger pour la défense des francophones. Certes l'Église catholique apparaît comme un refuge contre des attaques venant d'horizons différents, spirituels avec le protestantisme et le libéralisme, économiques avec l'industrialisation, sociaux avec la création d'institutions indépendantes, « raciaux » avec l'animosité permanente entre « Anglais » et « Français ». La Constitution de 1867 qui a créé le Dominion du Canada n'a rien résolu bien au contraire. Les anglophones continuent de s'en prendre à « la francité envahissante et l'agressif catholicisme ».

Le Vatican contre le français

Ce qui ne les empêche pas de vouloir mettre la langue anglaise au service de ce même catholicisme. Des millions d'immigrants irlandais sont arrivés depuis le début du siècle au Bas-Canada. Ils n'ont certes aucune sympathie pour les Anglais, mais ils n'en parlent pas moins leur langue. Ils ont fondé à Montréal en 1847 la première paroisse catholique de langue anglaise, la paroisse Saint-Patrick. Dans les provinces canadiennes à majorité francophone, les évêques d'origine irlandaise militent contre les écoles francophones. Dans les mêmes années, Mgr Lynch, évêque de Toronto, affirme que l'anglais était destiné par Dieu à répandre sa Parole. Quelques années plus tard, l'archevêque de Westminster, représentant du pape dans le monde catholique anglo-saxon, explique : « Ce n'est qu'en faisant servir la langue anglaise à la cause de la vérité que le Canada peut devenir, dans le vrai sens du mot, une nation catholique. [...] Tant que la langue anglaise, les façons de penser anglaises, la littérature anglaise – en un mot la mentalité anglaise tout entière –, n'aura pas été amenée à servir l'Église catholique, l'œuvre rédemptrice de l'Église sera empêchée et retardée... » Cette politique qui vise à marginaliser la langue et la culture françaises est ouvertement inspirée par le Vatican qui soutient les prétentions anglo-saxonnes dans l'espoir de favoriser la conversion aux catholicisme de toute l'Amérique. Voilà les francophones prévenus.

Chapitre 10

La destinée manifeste

Un spectre hante le Québec, celui de sa disparition. Au XIXe siècle, les Canadiens français se sentent l'objet de menaces multiples. Les anglophones en veulent à leur langue, les libéraux à leur religion, la Couronne à leur autonomie, les Étasuniens à leurs valeurs traditionnelles. L'extinction de la « race » française en Amérique du Nord n'est pas une crainte née dans des esprits paranoïaques. Elle se manifeste concrètement par l'exode vers les États-Unis, encouragée par les différences de niveau de développement et par la dynamique économique, au nord et au sud de la frontière. Il suffit de comparer, comme le dit Georges-Étienne Cartier, pourtant partisan de la monarchie constitutionnelle britannique par opposition au républicanisme américain, « notre apathie et notre paresse avec l'activité incessante, l'énergie fébrile et l'esprit d'entreprise de nos voisins ». L'émigration est vue comme une cause certaine de décadence qui ne peut réjouir que les traîtres à la patrie. Dans *Maria Chapdelaine*, de Louis Hémon, c'est « la voix du Québec » qui retient Maria de suivre son soupirant, Lorenzo Surprenant, aux États-Unis. En 1842, Antoine Gérin-Lajoie, dans son œuvre *Un Canadien errant* – référence au Juif errant –, évoque la disparition de l'Huronie, le pays des Hurons, métaphore de la disparition redoutée du Canada français.

Pour faire face à ce danger, les nationalistes, soutenus par l'Église catholique, créent un nouveau mythe : celui de la « destinée manifeste » du peuple canadien français. Sa « nouvelle frontière » n'est pas à l'ouest, comme pour les pionniers américains du Far West, elle est au nord, et même dans le Grand Nord.

Il faut, dit encore Georges-Étienne Cartier « se cramponner à notre terre » et reculer le plus loin possible les limites de notre sol. L'État se met à distribuer des terres à qui veut les défricher. Il fera de même au moment de la Grande Crise de 1929 pour tenter de résorber le chômage en envoyant les sans-emploi et les pauvres coloniser les terres du Nord. Dans les années 1960, quand le Premier ministre du Québec Robert Bourassa, le fils d'Henri, lancera les grands travaux de la baie James, il se situera dans la même lignée et ressuscitera le même mythe. C'est par le Nord que les Canadiens français peuvent être sauvés.

Dans *La Terre promise : le mythe du Nord québécois* [1], Christian Morissonneau, qui a été lui-même bûcheron avant de devenir sociologue, raconte le « pays d'En-Haut », ce pays de l'aventure, de la vie libre, du gain rapide et abondant. Il renoue avec les coureurs des bois de l'époque des pionniers, symboles de l'homme libre, détaché des contingences sociales. Avec les forestiers du XIXe siècle qui répondaient à l'appel des grandes entreprises pour la mise en valeur de la vallée du Saguenay. Louis Hémon, qui les a observés à La Tuque, sur la rivière Saint-Maurice, les appelle les « hommes du bois », en espérant que, ajoute-t-il, « les typographes respecteront ce titre et ne feront pas des habitants de cette partie de la Province de Québec ni des hommes des bois ni des gorilles ».

Le mythe du nouveau Sauvage

La vie du bûcheron est, selon Morissonneau, un rite de passage pour le jeune *Homo canadensis*, qui le plonge dans l'héritage héroïque de la culture canadienne française. Le mythe du nouveau Sauvage est la version laïque du mythe de la Terre promise véhiculée par l'Église catholique. Il se complète avec le retour à la terre très à la mode dans les années 1970. Le film de Gilles Carles, *La Vraie Nature de Bernadette* (1972), est une

---

1. Galeries du Québec/Hurtebise HMH, Ville LaSalle, 1978.

tentative de démythification. Femme d'avocat, Bernadette quitte la grande ville pour aller vivre avec son fils à la campagne. Elle y rencontre Thomas, un paysan qui milite contre les grandes sociétés de l'industrie agro-alimentaire. Il lui faut déchanter. Derrière les feuilles multicolores de l'automne se cache une bonne couche de boue. L'air pur de la campagne est pollué par des effluves nauséabonds. Bernadette découvre qu'il n'y a pas une seule vérité, représentée par l'authenticité du naturel, mais plusieurs natures qui la traversent.

Le mythe religieux, dominant au XIXe siècle, ne s'embarrasse pas de la complexité. Les évêques cherchent à envoyer vers les terres vierges « ceux de nos frères qui seraient tentés d'émigrer, et à les retenir ainsi dans le sein de notre patrie, assez vaste et assez riche pour nourrir une population beaucoup plus nombreuse ». Car il existe en effet une contradiction entre la petitesse du groupe – quelque six millions de francophones dans les années 1850 – et l'immensité des terres à exploiter.

Il y a dans ce mouvement à la fois une politique pratique d'expansion et une revanche sur les conquérants (britanniques) qui ont imposé aux Canadiens français des limites étriquées par rapport aux grands espaces qu'ils contrôlaient avant 1763. Le Canadien errant, comme les vagabonds et les pionniers, ignore les frontières et perpétue ainsi l'idée d'une Amérique du Nord française. L'abbé Laflèche, futur évêque de Trois-Rivières, compare, on l'a dit, Jacques, remontant le Saint-Laurent en 1534 et « prenant possession de la terre canadienne, à Abraham prenant possession de la terre que Dieu promet à ses descendants ». Député du comté de Terrebonne, Guillaume-Alphonse Nantel n'est pas en reste : « La nation entière s'est levée dans une superbe affirmation de volonté, s'écrie-t-il, et elle s'élance à la conquête de la Terre sainte... » L'histoire des pionniers, Cartier, Champlain, Montcalm, revient sous forme de légendes. L'imaginaire de l'exploration, avec ses ors et épices des Indes, ses soieries de Chine, embrase les esprits.

Ce souffle messianique a évidemment une composante religieuse. Le but n'est plus l'évangélisation des Sauvages comme au début de la colonisation. Sans doute cette épopée, romancée, est-elle mise en avant. L'histoire des débuts de la colonie devient une histoire sacrée. Mais cette mission providentielle vise plus loin. Au-delà de la sauvegarde de la foi catholique, il s'agit d'accomplir la vocation des Canadiens français comme celle d'une « race élue ». C'est encore le député Nantel qui exprime cette vision : le Canadien français « partout se révèle comme le fils d'une race choisie qui est appelée à continuer sur cette terre d'Amérique la mission providentielle de la France ». Cette mission providentielle consiste à « s'emparer du sol [...] dont eux seuls [les Canadiens français] peuvent devenir les maîtres, car ils sont les seuls défricheurs du Nouveau Monde ». Cette qualité n'est pas le fait du hasard. Elle est le résultat de l'histoire, de la nature et du climat : « Nous avons dans le corps et dans l'âme trois siècles de vie nordique au bord du Saint-Laurent, à l'ombre des Laurentides, écrit Jean-Charles Harvey, un libéral, dans le journal *Le Canadien*, encore en 1935. Trois cents hivers de sept mois ont traversé le sang. Nous avons nos paysages ; notre flore, notre faune, notre climat, tous ces mille et un éléments géographiques qui modifient nécessairement la personne humaine tant au physique qu'au moral... »

De la destinée manifeste à l'indépendance

Cette mythologie franco-canadienne est à son apogée au moment où éclate au sud la guerre de Sécession qui met à mal la *manifest destiny* des Américains. Les Canadiens français prennent en quelque sorte le relais. De la destinée manifeste, ils adoptent aussi bien l'aspect extensif – la conquête, en l'occurrence du Nord au lieu de l'Ouest –, et l'aspect interne – la défense de valeurs. Ces valeurs ne sont certes pas celles des pères fondateurs de la République américaine. Elles en sont même l'opposé. Ce sont des valeurs traditionnelles, conservatrices, ancrées dans le terroir, celles de la foi catholique marquée par la Contre-Réforme du XVIIIe siècle et le cléricalisme du XIXe.

De la destinée manifeste, de la conviction que les Canadiens français sont une « race choisie », voire un peuple élu bien que menacé, qui perpétue une tradition « chevaleresque » au milieu d'une Amérique du Nord, protestante, mercantile, presque dévergondée, naît naturellement l'idée d'un destin à part, qui ne se réalisera vraiment que par l'indépendance. Cette tendance sera encouragée dans les années 1960 par les partisans, en France, de l'indépendance du Québec. Le pas est difficile à franchir. Les obstacles sont nombreux. Indépendance, par rapport à qui ? Au gouvernement fédéral d'Ottawa ou à la Couronne britannique ? Celle-ci apparaît parfois aux yeux de certains Canadiens français comme une protection contre les visées centralisatrices d'Ottawa. Indépendance, de qui ? Des Canadiens français, qui sont répartis dans plusieurs provinces, voire indépendance des francophones d'Amérique du Nord – ils sont aussi plusieurs millions aux États-Unis ? Ou indépendance du seul Québec ? Toutes ces questions taraudent les nationalistes franco-canadiens sans qu'ils soient en mesure d'y apporter des réponses. On pourrait même ajouter : sans qu'ils aient été jamais en mesure de le faire.

Le premier livre de politique-fiction sur l'indépendance du Québec est dû à un journaliste ultramontain mais anticonformiste, qui a fondé un journal, *La Vérité*. Dans son roman *Pour la patrie*, paru en 1895, Jules-Paul Tardivel veut démontrer qu'un Canada français détaché du reste du Canada pourrait mieux défendre le fait français et catholique en Amérique du Nord. Il envisage cette option à plus ou moins long terme. Selon lui, le Québec pourrait être indépendant en... 1945, mais l'heure sera choisie par la Providence. Cependant, il se heurte à la définition des limites de son séparatisme : « La patrie, pour nous, écrit-il, nous ne disons pas que c'est précisément la province du Québec, mais le Canada français ; la nation que nous voulons voir se fonder à l'heure marquée par la divine Providence, c'est la nation canadienne française. » La question sera tranchée dans les années 1960 quand la revendication souverainiste québécoise tirera un trait sur l'idée d'un Canada français.

Chapitre 11

L'éveil de la nation

La montée du nationalisme dans le Canada français est contemporaine de l'éveil des nationalités en Europe. Elle n'en est d'ailleurs pas indépendante. Ce sont deux Français, François-Edmé Rameau de Saint-Père, pour la vision messianique et catholique, Henry-Émile Chevalier, pour la version laïque, qui apportent une contribution essentielle à la définition de la vocation de la « race française » en Amérique du Nord. Chevalier est un de ces républicains qui ont dû s'exiler après le coup d'État du 2 décembre 1851, fomenté par Napoléon Bonaparte. Il se retrouve comme journaliste dans un milieu francophone des États-Unis, à La Nouvelle-Orléans puis à New York. Il s'installe ensuite à Montréal et se rapproche de l'Institut canadien, cette institution créée par les libéraux pour compenser la présence envahissante de l'Église dans la vie intellectuelle. Il entrevoit pour tous les francophones d'Amérique du Nord un avenir commun, qui restera une utopie.

Cependant, cette idée irréaliste constitue un apport décisif à la prise de conscience que la spécificité française ou francophone doit être défendue, non seulement à travers la religion et la culture mais aussi par une construction politique. On l'appellera au fil des ans autonomie, souveraineté, indépendance, souveraineté-association, etc. Ces formules apparaissent comme les seules garanties que les droits de ce qui est devenu une minorité dans l'ensemble américain et même canadien, ne seront pas remis en cause et seront, si possible, étendus.

Cette prise de conscience coïncide aussi avec une redécouverte de la France. Ce n'est pas qu'il existe une quelconque nostalgie du régime français. Mais l'indifférence de l'ancienne mère patrie à l'égard des Canadiens francophones et de ces derniers à l'égard de la France, qui avait succédé au ressentiment lié à l'abandon, cède la place à un intérêt nouveau et réciproque. Le drapeau tricolore devient l'emblème des Canadiens français. Il le restera jusqu'en 1940. Il sera alors abandonné avec l'arrivée de Pétain au pouvoir malgré une certaine sympathie pour le régime de Vichy. En 1855, pour la première fois depuis le traité de Paris de 1763, un bâtiment de guerre français, la frégate *la Capricieuse*, stationnée à Terre-Neuve, remonte le Saint-Laurent. « Nos gens reviennent », dit un poète québécois. Sur le quai de la Reine, à Québec, les coups de canon qui scandent le *God Save the Queen* sont supposés couvrir *La Marseillaise* entonnée par les républicains anticléricaux. Le maire de la ville est un accoucheur et un chirurgien d'origine écossaise qui doit sauver les apparences. Si les deux tiers de la population de Québec sont francophones, neuf notables sur dix sont anglais. Et ce matin-là, sur le quai de la Reine, il y a beaucoup d'Anglais et d'« anglicisés », des gens de la *Quebec Fire Society, Quebec Benevolent Society*, etc., raconte un témoin [1]. En réalité, l'arrivée de *la Capricieuse* ne relève pas d'un geste politique mais de l'initiative du commandant, qui veut tenter de convaincre les Canadiens de participer à l'Exposition universelle de Paris. Il n'empêche que le climat des relations entre la France et la Grande-Bretagne s'est amélioré. Français et Anglais se battent ensemble contre le tsar sur les côtes de Crimée, préfigurant l'Entente cordiale.

Dans les années 1880 Sarah Bernhardt fait une tournée triomphale à Montréal, malgré les protestations de Mgr Bourget. L'actrice écrit dans ses *Mémoires* : « Tout à coup il se fit un silence immédiat, sans qu'aucune manifestation en eût provoqué l'effet, et *La Marseillaise* fut entonnée par trois cents voix mâles, jeunes et chaudes. [...] Aussitôt le chant terminé, les

---

1. Cité par Pierre Chaloult, *Québec, mon pays, mes amours*, Éd. Léméac, 1985.

applaudissements de la foule reprirent par trois fois ; puis, sur un geste du gouverneur, l'orchestre joua *God Save the Queen.* » On se bat à coups d'hymnes nationaux.

En 1882, le Québec nomme un représentant permanent à Paris, Hector Fabre, et quelques années plus tard, le Premier ministre du Québec, Honoré Mercier, reçoit un accueil royal à Paris, où il est décoré de la Légion d'honneur. « Le Québec doit s'affirmer comme nation française et catholique », dit-il. Le 31 mai 1891, il arrive en train spécial à la gare de Tourouvre, dans le Perche [1]. Il est le descendant de Julien Mercier, parti de Tourouvre pour la Nouvelle-France en 1650. Fleurs, arcs de triomphe et discours accueillent l'illustre voyageur, mais ce sont les Mercier restés à Tourouvre qu'il veut rencontrer : « Il y a longtemps qu'on ne s'est vu, leur dit-il. Il y a deux cent cinquante ans ! »

En mémoire de son voyage sur la terre de son ancêtre, Honoré Mercier a fait un don destiné à la réalisation de deux vitraux pour l'église Saint-Aubin de Tourouvre. Installés l'année suivante, ils perpétuent le souvenir du départ de Julien et du « retour » d'Honoré, Premier ministre du Québec et ministre de l'Agriculture du Canada.

Une « épave » au-delà de l'Océan

Cette redécouverte ne va pas sans ambiguïté. Les conservateurs du Canada français voient d'un très mauvais œil la IIIe République anticléricale. À la France du petit père Combes, ils préfèrent la France traditionnelle. Après la séparation de l'Église et de l'État, quelques Français émigrent au Canada. Émigrés d'abord en Belgique, les religieux de Saint-Wandrille-de-Fontenelle, en Normandie, fondent en 1912 l'abbaye de Saint-Benoît-du-Lac. En revanche, les républicains français ne portent

1. À Tourouvre a été inaugurée en 2000 une Maison de l'émigration française au Canada, à la fois musée et centre de recherches généalogiques.

pas un grand intérêt à cette province qui revendique sa filiation française, mais qui apparaît obscurantiste et conservatrice. Une « épave de l'ancienne France au-delà de l'océan Atlantique », dit Albert Lefaivre, consul général de France, en 1890.

Pourtant, les autorités québécoises font des efforts pour se sortir de la gangue cléricale. Aux élections provinciales de 1897, les libéraux l'emportent sur les conservateurs avec 45,7 % des suffrages mais cinquante et un sièges à l'Assemblée sur soixante-quatorze. Grâce à un système électoral inspiré de la Grande-Bretagne, *first pass the post*, est élu le candidat qui recueille le plus grand nombre de voix dans chaque circonscription dans une élection à un tour.

Le nouveau Premier ministre, Félix-Gabriel Marchand, veut rétablir le ministère de l'Instruction publique pour entamer le monopole éducatif de l'Église catholique, et améliorer la qualité de l'enseignement. Entre autres mesures, il prévoit de soumettre le personnel religieux de l'enseignement à un examen de capacité. Il explique son projet en termes très prudents : « Nous garderons les crucifix aux murs de nos écoles. Nous voulons modifier notre loi de l'instruction publique, mais nous n'entendons pas toucher à celle de ces dispositions qui sont une sauvegarde pour la foi et les mœurs. Nous voulons que plus d'enfants sachent lire [...], mais nous sommes de ceux qui croient que Dieu doit être présent partout dans l'enseignement. » C'est néanmoins le tollé dans l'Église. Le tout nouvel archevêque de Montréal, Mgr Paul Bruchési, se rend à Rome pour obtenir le soutien du pape contre ce qu'il considère comme une atteinte à la position de l'Église dans le système scolaire. Marchand écrit au secrétaire d'État du Vatican, le cardinal Rampolla, qu'il entend « faciliter la mission divine, en contenant l'opinion populaire dans les bornes de l'orthodoxie, sans contrarier ses aspirations vers les progrès utiles et les réformes légitimes ». Difficile exercice d'équilibre. De Rome, Mgr Bruchési expédie un télégramme puis une lettre dans lesquels il s'intronise lui-même porte-parole du pape pour désapprouver le projet de loi. Marchand et d'autres ministres menacent de démissionner, craignant, s'ils retirent leur projet, « une agitation profonde dans la population de cette province ». Ce qui prouve, en passant, que la tutelle de l'Église sur la vie culturelle et intellectuelle du Québec est loin de faire l'unanimité. Le cardinal Rampolla précise alors dans un télégramme la position du souverain pontife qui est sensiblement plus nuancée que celle rapportée par l'archevêque de Montréal : « Le Saint-Père exprime son désir d'éviter toute innovation qui pût troubler les bons rapports entre l'Église et l'État. [Mais] il n'a pas eu l'intention d'exercer de telles pressions qui puissent amener le ministre à donner sa démission. » Mgr Bruchési est discrètement désavoué. Il pourra savourer sa revanche quand le projet de loi, adopté par l'Assemblée, sera rejeté par le Conseil législatif, une sorte de Sénat à majorité conservatrice. La tentative d'accroître le poids de l'État dans le système éducatif se solde par un échec.

L'année suivante une autre affaire divise les francophones et les anglophones et souligne la spécificité du Québec : la prohibition. Dans plusieurs provinces du Canada, des groupes religieux protestants demandent l'interdiction de la vente d'alcool et font pression sur le gouvernement fédéral pour qu'il légifère. Le 29 septembre 1898, le Premier ministre fédéral Wilfrid Laurier soumet la question à un référendum. Le Québec se prononce majoritairement contre les « buveurs d'eau » tandis que le reste du pays se déclare favorable à la prohibition. La majorité est cependant trop faible pour que le gouvernement soit en mesure d'interdire « l'importation, la fabrication ou la vente des spiritueux, vins, ale, bière, cidre et toutes autres liqueurs alcooliques servant de boisson ».

Les limites du rapprochement entre le Québec et la France se manifestent pendant les deux guerres mondiales, qui confirment deux tendances : un certain détachement vis-à-vis de la France et une affirmation de soi. Ces deux tendances ne sont pas aussi contradictoires qu'on pourrait le croire, car la revendication de la spécificité québécoise ne repose pas uniquement et avant tout sur l'héritage français. Celui-ci peut être appelé à la rescousse, si nécessaire, mais il est un auxiliaire plutôt qu'un élément essentiel de « l'être québécois ».

La révolte des métis

À la fin du XIXe siècle de nouveaux troubles avaient rapproché les Canadiens français de diverses tendances philosophiques et politiques. Sous la direction d'un métis, Louis Riel, et de deux chefs indiens, Big Bear et Poundmaker, des mouvements de protestation avaient eu lieu contre la distribution des terres au Saskatchewan. Les forces de l'ordre, avec l'appui de quelques Canadiens français soutenus par Mgr Bourget, étaient venus à bout des insurgés. Louis Riel fut condamné à mort et pendu à Regina. Son exécution provoqua une manifestation de plusieurs dizaines de milliers de personnes à Montréal. Libéraux et conservateurs ultramontains étaient pour une fois unis pour dénoncer un jugement expéditif. Tout le monde chantait le refrain de *La Marseillaise* rielliste :

« Courage ! Canadiens !
« Tenons bien haut nos cœurs ;
« Un jour viendra *(bis)*,
« Nous serons les vainqueurs. »

S'il faut lever bien haut le drapeau tricolore, c'est pour la défense de la « nation », pas pour la préservation des intérêts impérialistes de la Grande-Bretagne. La première fois que se pose la question de participer à un conflit dans lequel la Grande-Bretagne est impliquée, c'est au moment de la guerre des Boers en 1899. Le Premier ministre fédéral, le libéral canadien français, Wilfrid Laurier, avait promis son soutien à la Couronne. Tandis que les colons hollandais envahissent les possessions britanniques en Afrique du Sud, les francophones du gouvernement s'opposent à la participation du Canada à une guerre étrangère. Laurier envoie des volontaires, provoquant une crise dans son parti et la démission d'Henri Bourassa. Ce petit-fils de Papineau considère que le Canada doit affirmer son autonomie et que les francophones ont un rôle à jouer : « Le Canada est resté anglais, dit-il, à cause de notre fidélité : fidélité intellectuelle et morale à la France, fidélité politique à l'Angleterre, car toutes deux sont entièrement subordonnées à notre patriotisme entièrement canadien. » Si la Confédération n'est pas en mesure de s'affirmer en tant que telle, les francophones du Québec doivent être déterminés à assumer seuls cette responsabilité. Laurier répond : « Mon cher Henri, la province du Québec n'a pas d'opinions, elle n'a que des sentiments. » Une décennie plus tard, Bourassa quitte la politique active. Il crée le journal *Le Devoir* qui a pour devise : « Fais ce que dois. »

La deuxième épreuve arrive en 1914. Le 4 août l'Angleterre déclare la guerre à l'Allemagne. En tant que Dominion, le Canada est automatiquement engagé. Le recrutement de soldats sur une base volontaire atteint très vite des limites. Des manifestations violentes ont lieu dans la province. Le gouvernement fédéral décrète la conscription, malgré l'opposition des représentants québécois, qui refusent de se laisser emporter par le « devoir de loyauté » (vis-à-vis de l'Angleterre) et le « devoir de sentiment » (vis-à-vis de la France). Les Canadiens français sont mus par leur hostilité à l'impérialisme britannique et la défense de la France ne paraît pas à la majorité d'entre eux une motivation suffisante. Ils pensent que le vrai front se situe à l'intérieur du Canada, notamment dans l'Ontario, où le gouvernement provincial vient de fermer les écoles publiques francophones, comme cela s'est déjà passé au Manitoba. « Au nom de la religion, de la liberté, de la fidélité au drapeau britannique, on adjure les Canadiens français d'aller combattre les Prussiens d'Europe. Laisserons-nous les Prussiens de l'Ontario imposer en maîtres leur domination, en plein cœur de la Confédération canadienne, à l'abri du drapeau et des institutions britanniques », s'exclame Henri Bourassa.

Il y a des exceptions. Le journaliste du *Nationaliste* Olivar Asselin se porte volontaire malgré l'indifférence que la France a longtemps manifestée à l'égard de ceux que Guillaume Hanoteau appelait « nos cousins d'Amérique » : « Mais parce que sans elle [la France] la vie s'arrêterait en nous comme une eau qui gèle, bénissons-la quand même, défendons-la quand même ! » Ce n'est pas un hasard si, à la fin de 1917, le 21 décembre très exactement, alors que la guerre est loin d'être terminée, le député Joseph-Napoléon Francœur présente à la Chambre une motion envisageant la fin de la Confédération : « La province de Québec serait disposée à accepter la rupture du pacte fédéral de 1867 si, dans d'autres provinces, on croit qu'elle est un obstacle à l'union, au progrès et au développement du Canada. » Ce texte constitue la première manifestation de séparatisme « négatif ». Si les autres ne sont pas contents du Québec, le Québec est prêt à quitter la Confédération. La motion sera finalement retirée avant d'être soumise au vote.

Contre la conscription

L'enrôlement obligatoire provoque un mouvement analogue de refus au moment de la Seconde Guerre mondiale. Le Premier ministre fédéral, le libéral William Lyon Mackenzie King a promis en 1940 que « le gouvernement [qu'il] dirige ne présentera pas de mesure de conscription des Canadiens pour le service outre-mer ». Comme en 1914, le volontariat ne suffit pas à garnir les régiments. Mackenzie King commence par décréter l'enregistrement de tous les hommes adultes. Le maire de Montréal, Camillien Houde, avertit ses concitoyens que cette mesure est le prélude à la mobilisation générale. Il leur conseille de ne pas se présenter. Il est arrêté et ne sera libéré que quatre ans plus tard. Le chef du gouvernement fédéral se résout à soumettre la question de la conscription à un référendum pancanadien. Le 22 janvier 1942 le résultat est sans surprise. 71 % des Québécois ont voté non ; la même proportion d'anglophones a voté oui. Mais s'il était possible d'isoler le vote francophone au Québec, le score atteindrait sans doute 80 %.

L'opposition des Canadiens français réunit toutes les sensibilités : le journal *Le Devoir*, l'Union catholique des cultivateurs, les anciens de l'Action libérale nationale, des députés conservateurs, la Société Saint-Jean-Baptiste, etc. Les réfractaires se retrouvent dans la Ligue pour la défense du Canada qui organise, le 11 février 1942, sa première réunion publique à

Montréal. Henri Bourassa et Jean Drapeau, le futur maire de la ville, prennent la parole. À l'issue du meeting, la foule se disperse ; des jeunes saccagent les véhicules de la Montreal Tramway. La police charge, faisant de nombreux blessés et procédant à de multiples interpellations. La Ligue se transformera en parti politique sous le nom de Bloc populaire canadien.

L'Église catholique du Québec appuie le gouvernement fédéral. Les prêtres lisent en chaire une lettre pastorale du cardinal de Montréal, Mgr Jean-Marie-Rodrigue Villeneuve, en faveur de la conscription. Les paroissiens n'y prêtent aucune attention. Les conscrits partent pourtant, mais les désertions sont nombreuses. Une fois sur le bateau, certains jettent leur fusil à l'eau. À Drummondville, la foule attaque un contingent de la Garde royale du Québec qui cherche les planqués. À Québec même, la troupe tire sur les protestataires : quatre morts.

Les premiers pas du mouvement pour l'indépendance

Toutes ces manifestations ne sont ni indépendantistes ni même autonomistes. Toutefois, elles renforcent ces sentiments et s'appuient en même temps sur la conviction que le Québec constitue une société à part qui, par son histoire, sa culture, sa langue, sa religion, n'a pas les mêmes réactions que les autres provinces et qui pâtit d'être intégrée dans l'ensemble canadien.

Si Jules-Paul Tardivel publie son roman *Pour la patrie* en 1895, ce n'est qu'après le tournant du siècle que les premiers mouvements indépendantistes prennent forme. En 1903 est fondée la Ligue nationaliste canadienne, dans laquelle ne se reconnaissent pas tous les francophones. L'année suivante, la création de l'Association de la jeunesse catholique franco-canadienne joue un rôle capital comme berceau du nationalisme. Il existe plusieurs variantes de ce nationalisme « canadien ». Pour certains, il s'agit de défendre le Canada contre les empiétements de la Couronne. Pour d'autres, il s'agit de mettre en avant la spécificité du Québec. C'est l'essence du nationalisme québécois ou francophone, ce qui d'ailleurs n'est pas exactement la même chose, comme la suite de l'histoire le montrera.

C'est un abbé, Lionel-Adolphe Groulx, qui va, parmi les premiers, dans les années 1920, contribuer à une prise de conscience identitaire. Historien, il fonde et dirige la revue *L'Action française* qui devient *L'Action canadienne-française* après la condamnation de *L'Action française* de Charles Maurras par le Vatican, puis *L'Action nationale*. Il veut faire de l'histoire canadienne une discipline à part entière, au lieu de « s'abandonner au courant comme des arbres morts ». Il évoque le séparatisme comme un moment inéluctable, dont la responsabilité n'incombera pas seulement aux Canadiens français, selon la formule du séparatisme « négatif », déjà contenue dans la motion de 1917. « Nous avons à choisir, dit Lionel Groulx, ou de redevenir maîtres chez nous ou de nous résigner à jamais aux destinées d'un peuple de serfs. »

L'abbé Groulx est une figure controversée. Pour certains, il apparaît comme le père spirituel du Québec moderne, en tout cas du Québec qui cherche à être « maître chez lui », tout en se disant hostile à l'indépendance totale. D'autres critiquent son idéologie trop conservatrice. Ce sera le cas, après la Seconde Guerre mondiale, des fédéralistes libéraux de la revue *Cité libre*, où brille Pierre Elliott Trudeau, et de la jeune génération nationaliste québécoise gauchisante, attirée par le tiers-mondisme.

Quoi qu'il en soit, Groulx marque la génération des nationalistes d'entre les deux guerres, et d'abord en redonnant ses lettres de noblesse à l'histoire des Canadiens français, ce peuple dont lord Durham disait qu'il n'avait pas d'histoire. « Une histoire longue de trois siècles, écrit l'abbé, la possession presque entière du sol par une race déterminée, l'empreinte profonde que cette race y a gravée, par ses mœurs et ses institutions originales, le statut spécial qu'elle s'est réservé dans toutes les constitutions politiques depuis 1774, ont fait du Québec un État français qu'il faut reconnaître en théorie comme en fait. C'est cette vérité qu'il faut replacer en haut pour qu'elle y gouverne chez nous l'ordre économique comme on admet spontanément qu'elle doive gouverner les autres fonctions de notre vie. »

Dans les premières décennies du XXe siècle, les idées nationalistes gagnent du terrain dans la hiérarchie catholique qui prêchait naguère la loyauté à la Couronne britannique. Jean-Marie-Rodrigue Villeneuve soutient l'abbé Groulx dans *L'Action française* : « Qu'un État catholique et français puisse au cours du siècle qui s'annonce prendre place dans la vallée du Saint-Laurent, voilà qui n'est plus, au sentiment de plusieurs, une pure utopie mais un idéal digne d'ambition, un espoir solidement fondé. »

Le roman *L'Appel de la race*, publié en 1922 et sous le pseudonyme d'Alonié de Lestres pour les quatre premières éditions, va devenir la référence des nationalistes. La cinquième est signée par Lionel Groulx de son vrai nom. Il faut redire qu'à l'époque le terme « race », inspiré des théories du psychologue et sociologue français Gustave Le Bon, n'a pas la même connotation qu'aujourd'hui. Il est très répandu chez les nationalistes depuis le XIXe siècle et est employé comme synonyme de « nation ». *L'Appel de la race* n'est pas un livre de théorie politique. C'est un roman domestique, sinon intimiste. Il met en scène un avocat francophone, Jules de Lantagnac, qui a choisi de s'angliciser, reniant sa famille et son milieu d'origine pour s'intégrer dans la haute société anglo-saxonne d'Ottawa. Il a épousé une anglophone. Mais il se rend compte qu'il perd sa culture et finit par divorcer. Deux enfants sont confiés au père, deux à la mère. Jules de Lantagnac part finalement en croisade pour son peuple.

Prise de conscience identitaire

Le livre fait quelque bruit à sa sortie et on comprend que l'abbé Groulx ait pris la précaution de le signer d'abord d'un pseudonyme, car il n'était pas courant qu'un ecclésiastique aborde sous forme romanesque la question du divorce, qui plus est en donnant l'impression de justifier la rupture du mariage, même s'il fait porter à la femme de Lantagnac la principale responsabilité. L'objectif de Lionel Groulx est de décrire la prise de conscience identitaire à laquelle il invite tous les Canadiens français. On a aussi reproché au roman sa supposée francophobie. Alors que l'action se passe pendant la guerre de 1914-1918, le conflit européen n'apparaît pratiquement pas dans le livre. Sauf sous une forme indirecte, qui en dit long sur les sentiments des nationalistes vis-à-vis de la France : Wolfred, le fils du héros, décrit le Canada français comme une « Alsace-Lorraine d'Amérique, plus seule, plus oubliée que l'autre ». Le livre a tellement de succès qu'il est adapté en 1935 pour les enfants dans une bande dessinée, un mode d'expression alors nouveau, venu des États-Unis.

Lionel Groulx en est convaincu : « Qu'on le veuille ou non, notre État français nous l'aurons : nous l'aurons jeune, fort, rayonnant et beau foyer spirituel, pôle dynamique pour toute l'Amérique française. » Maurice Duplessis, Premier ministre du Québec depuis 1936 au nom du parti d'Union nationale, tance le prêtre. Groulx nuance alors sa pensée : « Quand je dis État français, je parle d'un État fédératif. Nous ne sommes pas entrés dans la Confédération pour en sortir, mais pour nous y épanouir. » Toutes les subtilités et les contradictions du mouvement indépendantiste des années 1960-1980 sont déjà présentes dans cette déclaration. Toute la question est de savoir où est placé le curseur, plutôt du côté de l'autonomie dans une Confédération qui renoncerait à l'hégémonie anglo-saxonne, ou du côté du séparatisme, faute d'avoir obtenu des autres provinces la reconnaissance de la spécificité canadienne française. Le choix peut se résumer en une formule : l'avenir du Québec est à l'intérieur du Canada si possible, à l'extérieur si nécessaire.

Un indépendantisme plus radical commence cependant à se développer. Autour de la revue *La Direction*, fondée en 1934, des jeunes se retrouvent pour dégager le mouvement de ses liens avec l'Église et avec les tenants d'un nationalisme pancanadien qui n'a pas encore abandonné tout espoir de réformer le système fédéral. « Quant à la Confédération, proclament-ils, nous lui disons merde parce que c'est elle qui nous a conduits là où nous sommes », en écho à ce que disaient leurs ancêtres en 1867 au moment de la création de la Confédération, « une si grande chose qui nous a fait si petits ». Et les jeunes de continuer : « Naturellement, il se trouvera des abrutis pour nous appeler *défaitistes de la tradition*, *coupeurs de soutane* et *coloniaux ingrats*. Mais ils peuvent venir, nous leur préparons une chaleureuse réception, surtout dans cette partie du corps où le dos perd son nom. »

CHAPITRE 12

La grande noirceur

En 1936 commence le long règne de Maurice Le Noblet Duplessis. Il durera jusqu'à sa mort en 1959, mis à part un intermède libéral de 1939 à 1944. Le Parti libéral l'emporte de manière éphémère en faisant campagne contre la conscription. *A posteriori*, au moment de la Révolution tranquille des années 1960, l'ère Duplessis sera désignée, avec quelque exagération, comme celle de « la grande noirceur », comme le triomphe de l'obscurantisme, du conservatisme, le dernier avatar de l'alliance entre le gouvernement et l'autel.

Aux élections de 1936, Duplessis et son parti, l'Union nationale, mettent fin à quarante ans de pouvoir libéral dans la province de Québec, grâce à une de ces petites manœuvres dont il se révélera un maître. Il avait fusionné le Parti conservateur qu'il dirigeait, avec l'Action libérale nationale de Paul Gouin, qu'il avait immédiatement écarté. De son vivant un des hommes politiques les plus populaires qu'ait connus le Québec, dit l'historiographie officielle, il a été l'objet après sa mort de violentes critiques de la part des intellectuels qu'il méprisait et qui le lui rendaient bien. Pour ses ennemis, il était l'Antéchrist ; aux yeux de ses amis, il faisait figure de messie. Élu des milieux ruraux, portant toujours un vieux chapeau pour se confondre avec les petites gens, il représente le Québec traditionnel.

Son anticommunisme l'amène à regarder avec bienveillance les régimes autoritaires européens, notamment le Portugal de Salazar, qui exerce fermement le pouvoir avec la bénédiction de l'Église, et à éprouver une sympathie spontanée pour la

France de Pétain. Il pourrait reprendre la devise de l'État français, à peine modifiée : religion, famille, patrie, même si ce dernier mot n'a pas le même sens à Québec qu'à Vichy. À tel point que les plus virulents de ses adversaires l'accuseront d'avoir instauré un régime quasi fasciste.

Il doit au contraire une grande part de sa popularité à sa volonté de s'opposer aux volontés centralisatrices du gouvernement fédéral et d'élargir autant que faire se peut l'autonomie du Québec. Sans cependant aller jusqu'à admettre les idées séparatistes. Cette prudence lui vaut avec l'abbé Groulx une polémique qui tourne court, car l'ecclésiastique nuance sa pensée sous la pression du Premier ministre. La devise de celui qu'on appelle le « chef », voire le « cheuf », est : « La coopération toujours, l'assimilation jamais. » Un de ses gestes les plus spectaculaires est de refuser les nouvelles règles fiscales décrétées par Ottawa après la Seconde Guerre mondiale, que le Premier ministre libéral, Adélard Godbout, avait acceptées dans l'interrègne. Au contraire, il instaure un système provincial de taxation sur le revenu, qui reste le seul de cette nature dans l'ensemble du Canada. En même temps, il crée une commission pour étudier les problèmes constitutionnels, manière de montrer qu'il n'est pas opposé à une évolution des rapports entre le Québec et le niveau fédéral, sans toutefois engager la province sur la voie de la séparation. C'est encore lui qui donne au Québec son drapeau, la croix blanche sur fond bleu avec quatre fleurs de lys, l'emblème, pour ne pas dire le drapeau « national », qui flotte sur tous les bâtiments publics de la province.

Une économie « de patronage »

La médaille a un revers. Duplessis tolère l'opposition politique, à condition qu'elle reste dans... l'opposition. Il gagne quatre mandats, un exploit qu'il est le seul à avoir réussi dans toute l'histoire du Québec. Ses adversaires lui reprochent ses méthodes pas très orthodoxes : la corruption, l'économie dite de patronage, l'intervention des curés en faveur de son parti, le contrôle de la presse, quand ce ne sont pas des manipulations pures et simples des élections, bourrage d'urnes, électeurs fantômes et achats de vote dans les quartiers pauvres par la distribution gratuite de chaussures...

Duplessis se vante que les évêques québécois « mangent dans sa main ». Il entretien en effet des relations suivies avec Mgr Paul-Émile Léger, archevêque de Montréal puis cardinal. Dans les années 1950, le prélat mène campagne contre les abus d'alcool, le relâchement des mœurs, la violence, la prostitution. Il milite contre la boisson, la danse, les « robes soleil » qu'il juge provocantes. Même le loto est à proscrire, car il va à l'encontre de l'esprit de charité. Mgr Léger lance une campagne contre la radio, « qui porte dans les foyers la chanson obscène... et des sketches provocateurs qui glorifient l'amour libre, le plaisir pour le plaisir, la sensualité sans pudeur ». Il s'attaque au cinéma, un art « merveilleux mais dangereux ». Un bon fidèle se doit de ne regarder que les films approuvés par le Centre catholique du cinéma de Montréal. Il fait campagne pour la fermeture des magasins les jours de fêtes religieuses. Les commerçants catholiques ne le suivent pas longtemps car tous les Montréalais vont alors « magasiner », comme on dit ici pour « faire du shopping », dans les magasins des quartiers protestants. En 1956, il empêche la venue à Montréal d'Elvis Presley, qui se produira à Ottawa et Toronto.

Cette croisade en faveur de la moralité convient tout à fait à Maurice Duplessis. Pourtant ses relations avec le cardinal ne sont pas sans nuages. Mgr Léger dénonce l'inaction du gouvernement face aux conditions des travailleurs qu'il juge indignes. Le « chef » n'apprécie guère les incursions du prélat dans les affaires politiques. Selon lui l'Église doit se contenter d'œuvrer dans le domaine de la charité. Il n'est pas au bout de ses surprises. En 1956, le quotidien *Le Devoir* prend ses distances avec l'Union nationale, qu'il soutenait à cause de ses positions sur l'autonomie : « Il n'est plus possible de passer l'éponge, écrit le journal, et de calmer nos scrupules en disant : il défend l'autonomie provinciale, donc il faut tout lui pardonner. La

Québec © Corbis

Montréal, City Skyline. © Leemage

Québec City, basilique Sainte-Anne-de Beaupré.
© Leemage

Château Frontenac. © Corbis

Chapelle du Sacré-Coeur de la basilique Notre-Dame de Montréal. © Photos12

Traversée du Saint-Laurent en canoë. © Sipa

Montréal © Sipa

Région de la Mauricie. © Sipa

Québec City, sculpture de glace. © Sipa

Québec, la haute ville. © Eyedea

Québec, rue Saint-Urbain. © Eyedea

Magasin souterrain de Montréal, place de la Cathédrale. © Corbis

Le village de Mont Tremblant. © Corbis

Réserve de Papineau-Labelle. © Eyedea

vraie question : faut-il encore pardonner à M. Duplessis les scandales de son administration à cause des services passés et des garanties à venir en matière d'autonomie ? »

Le 7 août de la même année, le journal fondé en 1910 par Henri Bourassa, publie un article sur « L'agonie de la démocratie » au Québec, signé de deux prêtres, les abbés Gérard Dion et Louis O'Neill. Ils écrivent : « Ce qui fait un pays chrétien, ce n'est pas avant tout le nombre d'églises, les déclarations pieuses des politiciens, l'apparente influence temporelle et politique de l'Église ou les "bonnes relations" entre l'Église et l'État. C'est premièrement le respect de la vérité, le culte de la justice, l'intégrité des consciences, le respect de la liberté. Les procédés électoraux actuels attaquent de front toutes ces valeurs. Le danger est d'autant plus grand que des témoignages nombreux montrent que la conscience de fidèles et même celle de religieux ne trouve plus matière à scandale devant une telle corruption. » C'est la conclusion d'une démolition en règle du système Duplessis qu'O'Neill développe la même année dans un livre intitulé : *L'Immoralité politique dans la province de Québec*. Professeur de philosophie sociale à l'université Laval de Montréal, il sera candidat du Parti québécois (indépendantiste) aux élections de 1973 et élu député trois ans plus tard.

À vrai dire, la contestation avait commencé bien avant que les deux jeunes abbés – Dion et O'Neill ont alors une trentaine d'années – dénoncent courageusement la soumission de tout un peuple à l'autorité politique, encouragée depuis des siècles par leur Église. Malgré l'espèce de chape de plomb qui pèse sur la vie intellectuelle, le Québec, depuis les années 1930, n'est pas resté à l'abri des grandes tendances littéraires et artistiques en vogue en Europe ou dans les « États », entendons les États-Unis. Le surréalisme, la « nouvelle poésie », la littérature urbaine rompent avec l'idéologie conservatrice qui condamne toute innovation culturelle, au nom d'un système de valeurs ancrées dans le terroir. Les « poètes de la solitude » refusent d'être les représentants autorisés d'une opinion dominante. Les ouvriers font leur apparition dans la littérature québécoise au moment de la Grande Dépression qui suit la crise de 1929. Pour la première fois, le lecteur entre dans les usines, dans les quartiers populaires, dans les tripots que fréquente un prolétariat désenchanté.

Un journaliste, Jean-Charles Harvey, publie en 1934 un roman, *Les Demi-Civilisés*. L'action se passe à Québec, dans les milieux de la petite-bourgeoisie. Quelques jeunes fondent une revue d'avant-garde mais se heurtent aux préjugés de l'époque. Ils sont dans le collimateur du clergé et des petits-bourgeois qui préfèrent se taire par manque de courage : « Chez les êtres qui au lieu de leur chapeau ont accroché leur cerveau à une patère, et qui croient que la tête est un appendice non seulement inutile mais nuisible, les attitudes ridicules ont le champ libre », écrit l'auteur pour dénoncer les préjugés anti-intellectuels. Pour les bien-pensants, la ville est l'antre du vice, se plaint Harvey, qui n'en épargne pas moins la paysannerie – « elle est la base sur laquelle nous bâtissons sans cesse ».

La loi du cadenas

Le livre, qui au demeurant n'est pas d'un grand intérêt littéraire, juge l'historien Jacques Lacoursière, est mis à l'Index. Il y reste jusqu'en 1945. C'est le dernier livre interdit par l'Église au Québec. Harvey, quant à lui, a perdu sa place de directeur du quotidien *Le Jour* et entre au bureau de la statistique du gouvernement québécois. Il reste convaincu que les francophones ont une mission particulière au Canada : « Au milieu d'un océan de 145 millions d'hommes et de femmes de langue anglaise, le français n'a une chance de survivre que s'il devient le synonyme d'audace, de culture, de civilisation et de liberté. » En quelque sorte la version libérale du « providentialisme » canadien français !

Pour museler toute velléité de fronde, Duplessis se dote d'un instrument de choix : la loi dite du cadenas, qui vise officiellement à parer à tout danger communiste. Ce texte est appelé ainsi parce qu'il autorise la police à cadenasser les édifices, salles, lieux de réunion, utilisés à des « fins communistes » et à en interdire l'accès. La loi est en fait utilisée contre les manifestations hostiles qui déplaisent au « chef », contre les rencontres syndicales et même les réunions de l'opposition politique. L'Église trouve qu'elle n'est pas suffisamment appliquée. Mgr Villeneuve déclare : « Nous défendre contre les doctrines subversives, [...] contre l'ébranlement des assises de la civilisation, contre la dynamite qui fera sauter nos traditions religieuses, familiales et sociales, si ce n'est pas dans la loi, qu'on la fasse, cette loi, sinon nous en exercerons le droit de nature. » La Cour suprême a fini par déclarer inconstitutionnelle la loi du cadenas. Mais celle-ci reste un symbole du régime Duplessis.

Les principales cibles – et les principaux adversaires – du Premier ministre sont les syndicats et les intellectuels. Pour les premiers, c'est un paradoxe car sous son règne la syndicalisation des travailleurs québécois a marqué des progrès spectaculaires. Il n'empêche. Les syndicats reprochent à Duplessis de négliger les intérêts des ouvriers, de s'opposer au progrès social et de servir les intérêts américains. Les grèves sont souvent durement réprimées par les forces de l'ordre. Lors de la grève de l'amiante à Asbestos, en 1949, la police intervient avec une violence telle que la hiérarchie catholique qui avait de toute manière commencé à prendre ses distances avec l'Union nationale, prend position en faveur des grévistes. Le même scénario se reproduit à Louiseville en 1952. Duplessis tonne contre les « oppresseurs » – entendez les trusts – et contre les « enrôleurs » – les syndicats –, contre les « discoureurs à la parole facile » – les universitaires, les journalistes, etc. –, contre les « opportunistes » et « profiteurs de grève », contre les « infidèles » et autres « hérétiques », catégorie dans laquelle il place les communistes, les homosexuels et les Témoins de Jéhovah. Le « chef » se veut le protecteur des « humbles », des « petits », des « vertueux ».

En 1948, un groupe d'artistes et d'intellectuels publie, sous la direction de Pierre-Émile Borduas, *Refus global*, un manifeste contre « la peur multiforme » : « Fini l'assassinat massif du présent et du futur à coup de passé redoublé », lit-on dans un texte décousu. « Le pouvoir établi, en coalition entre le clergé et les politiciens, ne peut indéfiniment réduire au rang d'excentricités coupables tant d'efforts de libération. » Le texte n'a aucun écho dans la grande majorité de la population mais il marque symboliquement le début du soulèvement des intellectuels contre la période de « grande noirceur ». Une autre revue, *Cité libre*, fondée en 1950 par des libéraux fédéralistes, dont le futur Premier ministre du Canada dans les années 1970, Pierre Elliott Trudeau, sonne la charge contre l'autoritarisme politique et l'obscurantisme religieux.

La tante des États

Et pourtant tout n'est pas sombre dans le bilan de Duplessis, qui se voulait « traditionnel et progressif ». « Le progrès c'est la tradition en marche », disait-il pour concilier la préservation des valeurs d'antan et les adaptations inéluctables liées aux bouleversements économiques et sociaux. Duplessis hésite « entre les impossibilités connues du passé et les possibilités inconnues de l'avenir », juge l'historien Jocelyn Letourneau. Pendant les années de son règne, le Québec subit une transformation profonde. Société réputée rurale et conservatrice, il n'échappe pas au mouvement d'urbanisation, d'industrialisation, d'extension du salariat et de la consommation, dont l'impulsion vient souvent des États-Unis voisins. Les Canadiens français, qui ont émigré au début du siècle, reviennent rendre visite à leurs parents restés sur place. « La tante des États », comme l'on dit, arrive dans une grosse voiture, apportant des nouveaux biens de consommation qui suscitent l'envie des Québécois.

La guerre a contribué à changer les mentalités. Les soldats rentrent après avoir « vu du pays ». Les femmes sont sorties de leur rôle de mères qui empêchent les « chicanes » à la maison. Elles ont travaillé dans les usines, en particulier dans les usines de munitions, pour suppléer l'absence des hommes. Au niveau provincial elles ont obtenu en 1940 le droit de vote qu'elles exercent depuis 1918 aux élections fédérales. Après la guerre, l'immigration augmente. S'ajoutant au baby-boom, des Français, des Espagnols, des Italiens, des Portugais s'installent au Québec, modifiant profondément la physionomie de la société.

Entre 1936 et 1959, ont été votées les lois sur les retraites, sur l'assistance aux mères nécessiteuses, sur l'échelle des salaires. Les syndicats ont été reconnus. Des centaines d'écoles, des dizaines d'hôpitaux sont ouverts. Les allocations familiales ont été instituées. L'école gratuite et obligatoire de six à quatorze ans a été imposée. En 1944, le secteur de l'énergie a été nationalisé, avec la création de la société Hydro-Québec. Tout le mérite n'en revient pas à Duplessis. Beaucoup d'éléments de cet État providence sont mis en place de 1940 à 1944 pendant le gouvernement libéral d'Adélard Godbout.

Vis-à-vis de la France en guerre aussi, l'attitude des autorités et de la majorité de la population québécoise change pendant l'interrègne libéral. Finie la sympathie pour le régime de Vichy. Depuis Radio-Canada, les Canadiens français s'adressent à la France occupée. En 1942, le Premier ministre Godbout, qui est en faveur de la conscription, déclare à l'intention des Français : « Vous pouvez compter sur nous. Nous faisons joyeusement des sacrifices pour vous, [...] pour vous aider à vaincre les Boches. » De Gaulle est à Montréal en 1944 pour consolider l'alliance de la France libre et du Canada français.

Duplessis ne remet pas en cause les réformes des libéraux quand il revient au pouvoir en 1944, même s'il compte plus sur l'action charitable de l'Église que sur l'intervention publique pour venir en aide aux déshérités. Il crée en 1946 un ministère du Bien-Être social et de la Jeunesse. Toutefois, il n'est pas très regardant sur les moyens. Des dizaines d'enfants orphelins ou illégitimes, dont on ne savait trop que faire, sont déclarés déficients mentaux et envoyés dans des hôpitaux psychiatriques. Ils y subissent des traitements inhumains. Ces jeunes victimes sont aujourd'hui connues sous le nom d'« orphelins de Duplessis ».

Les Plouffe

L'autre changement fondamental pour le Québec, c'est l'arrivée de la télévision dans un nombre de plus en plus grand de foyers. Près de neuf foyers sur dix en sont équipés en 1960. Un feuilleton, d'abord radiodiffusé puis télévisé, reflète les mutations de la société québécoise pendant la « grande noirceur » : *Les Plouffe.* La série est tirée d'un roman de Roger Lemelin, publié en 1948 [1]. L'auteur dresse le portrait d'une famille ouvrière de la basse ville de Québec et montre l'évolution de ses préoccupations vers des centres d'intérêt extérieurs à la paroisse à laquelle sont rattachées les familles. Au début, la mère, Joséphine Plouffe domine encore tout son petit monde qu'elle régente au nom de l'abbé Folbêche, un curé tenté par le nationalisme. Petit à petit, les certitudes s'écroulent. Guillaume, le benjamin des fils, se fait remarquer par un entraîneur américain de base-ball, protestant de surcroît. Ce sport existe au Canada depuis 1938. « Tous les dimanches après-midi on entendait l'arbitre, incapable par ailleurs de dire bonjour en anglais, hurler des "*strike two*", des "*ball one*" et des "*safe*" d'une voix glorieuse [2]. » Dans *Les Plouffe* un personnage confie au curé : « Le goût que vos paroissiens manifestent pour les sports venus des USA [est] parallèle à l'écart qui les sépare de plus en plus de nos prêtres. » Le comble de l'opprobre est atteint quand Joséphine apprend que son unique fille, Cécile, encore célibataire à quarante-deux ans, fréquente un homme marié. Avant d'être touché par la conscription, Guillaume aura le temps de lancer une balle de base-ball en direction du cortège du roi d'Angleterre en visite au Québec, sursaut de nationalisme qui annonce le mouvement autonomiste des décennies suivantes.

---

1. J'ai lu, 2001.
2. Philippe Panneton, *alias* Ringuet, *Les Trente Arpents*, J'ai lu, 2006.

Chapitre 13

La Révolution tranquille

« Y é temps qu'ça change ! » La mort subite de Maurice Duplessis, le 7 septembre 1959, dans la ville minière de Schefferville, ouvre une nouvelle page de l'histoire du Québec. La disparition du « chef » permet d'amorcer des réformes qui tiennent compte de l'évolution de la société québécoise au cours des dernières années. Le système autoritaire de celui qui était au pouvoir depuis plus de vingt ans, pratiquement sans discontinuer, limitait l'ampleur des transformations. Le successeur immédiat de Duplessis est Paul Sauvé, qui le remplace aussi à la tête de l'Union nationale. Un des rares à ne pas s'être toujours incliné devant lui, Sauvé place son gouvernement sous le slogan bref mais significatif : « Désormais. » Sous-entendu, ce qui n'était pas possible hier le devient. Il annonce une série de changements dans l'éducation et les affaires sociales. Il n'a pas le temps de les mettre en œuvre. Il meurt cent douze jours exactement après avoir été élu Premier ministre. Son successeur, le pâle Antonio Barrette, mène l'Union nationale à la défaite aux élections de 1960.

L'ère des libéraux de Jean Lesage commence. À la tête d'une « équipe du tonnerre », le nouveau chef du gouvernement est encore plus explicite que Sauvé : « Y é temps qu'ça change ! » proclame-t-il. Ainsi commence la Révolution tranquille. Elle durera une dizaine d'années, les « dix glorieuses », jusqu'à la vague terroriste du Front de libération du Québec (FLQ), avec deux points d'orgue en 1967 : l'Exposition universelle de Montréal et la visite au Québec du général de Gaulle.

Dans l'« équipe du tonnerre » de Lesage, il y a, au poste de ministre des Travaux publics puis des Ressources naturelles, un journaliste de la télévision canadienne, René Lévesque. Né en Gaspésie, parfaitement à l'aise dans les deux langues officielles du Canada, Lévesque était entré, comme correspondant de guerre, en même temps que l'armée américaine, dans les camps de concentration allemands à la fin de la Seconde Guerre mondiale. Il s'était fait connaître ensuite par ses reportages sur la guerre de Corée et, à la fin des années 1950, comme animateur d'une émission de télévision, *Point de mire*, consacrée à l'actualité politique.

Il est devenu un leader politique à l'occasion de la grève des réalisateurs (francophones) de Radio-Canada. Ceux-ci réclamaient le droit de constituer une association professionnelle pour faire valoir leurs droits dans les négociations collectives. La direction refusait. Le gouvernement fédéral conservateur n'intervint pas malgré soixante-huit jours de conflit. Devant l'apathie des autorités fédérales et l'indifférence du Canada anglais, le mouvement prit une tournure politique. Il soulignait le sentiment d'isolement de la partie francophone du pays. Le conflit devint le tremplin de plusieurs carrières politiques. Le 17 janvier 1959, mille cinq cents personnes manifestaient à Ottawa. Parmi elles se trouvaient Pierre Elliott Trudeau et René Lévesque, qui deviendraient les deux frères ennemis du Canada des années 1970. « Nous ne sommes pas Castor et Pollux, même à l'envers », dira quelques années plus tard René Lévesque. « Trudeau est arrivé en politique presque accidentellement. Je suis d'ailleurs un des acteurs déterminants de l'entrée de ce damné Trudeau en politique. Je l'ai regretté depuis. C'était au début des années 1960 [1]. »

Arrêté au cours de la manifestation, Lévesque, animateur vedette de Radio-Canada, prit clairement position en faveur des réalisateurs. Ses commentaires engagés relatifs à cette affaire ont été jugés par les autorités incompatibles avec son statut de

1. Entretien avec l'auteur, *Le Monde* du 7 juin 1984.

journaliste à la société d'État. Son émission, *Point de mire*, a été retirée de l'antenne à l'été 1959. René Lévesque s'engagea alors dans la politique active aux côtés de Jean Lesage dans les rangs du Parti libéral. Sa popularité fit tellement peur à l'opposition que celle-ci désigna, dans sa circonscription, un candidat portant le même nom afin d'entretenir la confusion.

Démocratiser l'enseignement

En quelques années, le gouvernement Lesage crée un ministère des Revenus, puis un ministère des Affaires fédérales-provinciales, puis des Affaires culturelles. Il adopte un programme d'assurance-hospitalisation et instaure la gratuité de l'enseignement scolaire. En 1964, il crée enfin le ministère de l'Éducation, une revendication ancienne des libéraux pour arracher l'enseignement à l'influence de l'Église catholique. La réforme avait échoué à plusieurs reprises au cours des décennies précédentes. Elle est maintenant réclamée par des prêtres eux-mêmes, qui se rendent compte du caractère rétrograde de l'enseignement religieux. *Les Insolences du frère Untel*, écrites par un frère mariste Jean-Paul Desbiens, donnent le nouveau ton. La réforme vise aussi à démocratiser l'éducation en facilitant l'accès de tous les jeunes à l'enseignement secondaire.

Après le retour de l'Union nationale au pouvoir, en 1966, le gouvernement de Daniel Johnson poursuivra ces réformes sans chercher à rompre avec l'équipe précédente. Ce qui fera dire que la Révolution tranquille est devenue la « révolution tranquillisée ». En 1967, les collèges d'enseignement général et professionnel (Cégeps) voient le jour. L'année suivante, la première université publique est créée, l'université de Québec. Le mariage civil est reconnu. Enfin, les libéraux avaient modifié le système de financement des partis politiques pour tenter de corriger les déviations du système Duplessis.

Le contexte général était favorable à ces changements. L'amélioration de la situation internationale, bien que fragile, avait donné à l'anticommunisme à la mode Duplessis un air désuet, tandis que l'Église avait préparé, sous la direction du pape Jean XXIII, son *aggiornamento* au concile Vatican II.

Avec les libéraux de Lesage, les réformes économiques et sociales s'accompagnent d'une montée du sentiment « national » au Québec. Le mot de « Québécois » réapparaît. Le gouvernement crée des sociétés d'État, la Société générale de financement, la Société de sidérurgie du Québec, la Société québécoise d'exploitation minière, puis la Caisse de dépôt et de placement, organisée sur le modèle de la Caisse des dépôts et consignations en France.

C'est surtout la nationalisation de l'électricité qui marque la volonté des Québécois d'être « maîtres chez eux ». Le Premier ministre Lesage hésite. Mais René Lévesque insiste et le convainc : « Il n'y a plus de maintenant ou jamais ; ce soir, c'est maintenant que nous devons être maîtres chez nous. » Il propose d'insuffler une vie nouvelle à Hydro-Québec, qui a été créée en 1944, et d'y intégrer les onze entreprises privées d'électricité. Le but est d'unifier les tarifs et d'offrir des services à toutes les régions du Québec, y compris les plus éloignées. Dorénavant, quand on construira des barrages, ça se fera en français, dit un adage populaire. Les élections de 1962 sont une sorte de référendum, pour ou contre la nationalisation de l'électricité. Les libéraux sont reconduits au pouvoir. Tout le monde convient que la nationalisation d'Hydro-Québec a été une contribution essentielle à la prise de conscience identitaire des Québécois.

La Révolution tranquille – l'expression a été utilisée la première fois par un journaliste anglophone du *Globe and Mail* de Toronto – est devenue un mythe que les historiens cherchent aujourd'hui à remettre à sa juste place. « Avant, il y avait la vérité catholique ; on l'a remplacée par une autre vulgate », dit le sociologue Christian Morissonneau. Le gouvernement Lesage est arrivé au pouvoir sans véritable programme, sans grand plan d'ensemble. Il a procédé par tâtonnement et improvisation, juge l'historien Jocelyn Letourneau, qui parle d'une « sortie techno-réformiste » du conservatisme libéral de Duplessis. Dans une large mesure, le gouvernement ne fait que prendre acte d'un changement progressif qui a commencé plus tôt et qui se poursuit sans lui. La différence est que l'implicite est devenu explicite. Alors, révolution tranquille ou « évolution tapageuse » ?

Contrastes

En 1960, le Québec est le pays des contrastes. À s'en tenir aux statistiques, c'est un État moderne, habité par des gens au revenu élevé, avec une agriculture dont la place tend à diminuer dans le produit national au profit des services. L'urbanisation bat son plein. Vue sous un autre angle, la société apparaît toujours marquée par les valeurs traditionnelles. La terre reste la principale source d'inspiration idéologique, malgré le développement de la télévision qui renvoie aux Québécois une image plus moderne d'eux-mêmes et du monde.

Dans les études actuelles sur la Révolution tranquille, l'époque Duplessis occupe toujours une place essentielle. Les historiens l'envisagent non comme une rupture brusque, mais comme une suite de bouleversements, échelonnés depuis la fin de la Seconde Guerre mondiale. Avant d'être un phénomène politique, elle a été un changement de mentalité. Elle est, dit Jean-Louis Roy dans *La Marche des Québécois*, l'aboutissement de la sécularisation de la pensée sociale. Les « nouveaux savoirs » de l'université ont sapé la légitimité de la doctrine sociale de l'Église et, par conséquence, la légitimité de ses interprètes, les prêtres, pour lui substituer une connaissance sociale portée par de nouvelles élites. De ce point de vue, la Révolution tranquille serait plus un changement dans la lecture de la réalité sociale qu'une transformation de cette réalité elle-même, transformation déjà bien entamée sous la surface de la « grande noirceur ».

S'il faut parler de révolution, la vraie rupture concerne le statut de l'Église dans la société. C'est sa place centrale qui est remise en question. La fréquentation des lieux de culte diminue. En 1961, les prêtres, à Montréal, abandonnent la soutane et adoptent la tenue « clergyman ». Les communautés religieuses voient leur influence décroître. La loi entérine cette relative désaffection. En 1961, les paroisses sont invitées à fermer leurs activités de loisirs et d'encadrement social pour se recentrer sur la catéchèse et l'action pastorale. Le contrôle des naissances est introduit. Le rôle du planning familial deviendra dans le langage populaire encouragé par l'Église, « empêcher la famille ».

« En dix ans, il nous a fallu effectuer dans tous les domaines un bond formidable. Franchir en somme les deux siècles qui nous séparaient du traité de Paris (1763 – la conquête du Canada par l'Angleterre), affirme l'écrivain humoriste Jean Forest. Si politiquement et économiquement la France n'a pas participé à notre émancipation, en revanche le français nous a permis d'en élaborer la démarche. » Ce qu'un autre romancier, Jacques Godbout *(Les Têtes à Papineau)* exprime ainsi : « Plutôt que d'être français, d'une façon personnelle, nous préférons maintenant *être nous-mêmes, mais en français.* »

Être soi-même. Un chansonnier, Yvon Deschamps illustre ce mot d'ordre dans une chanson intitulée *Je suis moi*, aux rythmes multiples et variés, dont le refrain est un cri libérateur :

« Je suis moi *(ter)*
« Et personne d'autre
« Trois siècles d'histoire ont dû passer
« Pour que je puisse enfin crier
« Je suis moi (*ter)*. »

Séparatisme « négatif »

Pour les francophones du Québec, être soi-même, c'est être québécois. Ce qui est plus fort mais aussi plus restrictif que d'être des Canadiens français. Ce sentiment national en expansion laisse en effet sur le bord du chemin les francophones des autres provinces, même s'il s'oppose avant tout au Canada anglophone (et fédéral). Le Premier ministre Lesage est encore très prudent. Son but est d'obtenir une reconnaissance des droits du Québec au sein de la Confédération. Il revendique pour la province « la pleine souveraineté dans les domaines qui relèvent de sa compétence ». La mise en œuvre de ce principe, suivi depuis par tous les gouvernements libéraux – antiséparatistes – du Québec, jusques et y compris le gouvernement actuel de Jean Charest, peut être extrêmement extensive et donner lieu à des frictions avec les autorités fédérales, notamment en matière de représentation internationale de la province. En 1961, le Québec ouvre une délégation générale à Paris et à New York, et l'année suivante une autre à Londres.

En même temps, Lesage est conscient que cette voie est semée d'embûches. Il en vient à admettre le séparatisme « négatif », c'est-à-dire l'impossibilité pour les autres provinces d'accepter les revendications québécoises et donc la nécessité pour le Québec de suivre son propre chemin : « Le Québec se dirigera, par la force des choses, dit-il, vers un statut particulier qui tiendra compte à la fois des caractéristiques propres de sa population et du rôle plus étendu qu'elle veut conférer à son gouvernement. » René Lévesque, quant à lui, a déjà fait, au début des années 1960, un pas supplémentaire en direction du séparatisme : « Je crois, peut-être à tort, que nous n'avons pas vitalement besoin de vous [le reste du Canada] et je crois que ce sentiment va grandir chez les Canadiens français. »

Ce sentiment en effet va grandissant. Il concerne d'abord le sort de la langue française. « On débouche une fois de plus sur la tragédie du milieu canadien français qui n'est pas maître de ses propres institutions et qui ne trouve pas en dehors de lui, aux époques de crises, la solidarité sur laquelle l'unité du Canada devrait être fondée », écrit André Laurandeau, éditorialiste au quotidien *Le Devoir*, en 1959, au moment de la grève des réalisateurs de Radio-Canada. Il copréside quelques années plus tard la Commission royale d'enquête sur la situation du biculturalisme et du bilinguisme au Canada, installée par le Premier ministre fédéral Lester B. Pearson. Son constat est sans équivoque : le bilinguisme ne fonctionne pas ; le français est défavorisé, y compris au Québec où les francophones pourtant majoritaires subissent l'hégémonie des classes dirigeantes dans l'industrie et la finance, et la pression des nouveaux immigrants.

Les écarts de revenu moyen selon l'origine et selon le degré de maîtrise des langues sont significatifs. En 1961, un Anglais unilingue gagne en moyenne 6 049 dollars, un Anglais bilingue 5 929 dollars, un Français bilingue 4 523 dollars, un Français unilingue 3 017 dollars. À Montréal, la ville du business, l'anglais est de plus en plus dominant. Si vous parlez en français, on vous répond : « *Speak white !* » Mais il faudra attendre les dernières années de la décennie et surtout l'arrivée au pouvoir du Parti québécois en 1976 pour que le français s'impose de nouveau comme la langue du Québec.

Certains n'ont pas la patience d'attendre. Les petites organisations nationalistes se multiplient. Le Québec se pose toujours les mêmes questions : Qui est-il ? Nation, État ou province ? Quel est l'objet de son existence ? Quelle devrait être l'orientation de son action ? Y a-t-il une place pour une entité francophone en Amérique du Nord ? Sur quoi fonder l'identité québécoise, alors que l'importance de la religion est en déclin ? La langue française est-elle un substitut au catholicisme ?

Nationalisme et conservatisme

Depuis la fin du XIXe siècle, le nationalisme avait une coloration nettement conservatrice. Pierre Elliott Trudeau, un des jeunes loups de *Cité libre* dans les années 1950, d'ascendance franco-anglaise, parfait bilingue, fédéraliste libéral, considérait que le séparatisme (québécois notamment) était par nature contre-révolutionnaire et que les conservateurs l'emporteraient nécessairement sur les progressistes dans le mouvement nationaliste. La suite de l'histoire montrera qu'il n'avait pas complètement raison. Dans les années 1960, justement, se développe au Québec une forme de nationalisme progressiste, voire d'extrême gauche.

Ce n'est certes pas le cas de l'Alliance laurentienne, fondée par Raymond Barbeau, professeur à HEC, qui prône un État indépendant, catholique et français. Le Rassemblement pour l'indépendance nationale (RIN), de Pierre Bourgault, milite pour un État du Québec. L'Action socialiste, créée par une trentaine d'intellectuels, développe de son côté une théorie ethnique de la classe dans *La Revue socialiste*. Elle considère les Canadiens français comme un peuple presque entièrement prolétarisé, dominé économiquement par une grande bourgeoisie colonialiste de langue et de culture anglaises. L'écrivain Pierre Vallières, qui sera un des idéologues du Front de libération du Québec, parle des Québécois comme des « nègres blancs d'Amérique [1] ».

Ces thèmes sont repris et radicalisés par les groupuscules gauchisants, dont le plus connu est donc le Front de libération du Québec. Ses militants ont lu Frantz Fanon, le théoricien algérien du « complexe du colonisé » ; ils se sentent proches des Black Panthers aux États-Unis et professent une grande admiration pour Cuba et la révolution castriste. Le FLQ veut arracher « l'indépendance totale des Québécois ». « Avec tous les moyens que l'on possède comme l'ont fait les Patriotes de 1837-1838 (ceux que Notre Sainte Mère l'Église s'est empressée d'excommunier pour mieux se vendre aux intérêts britanniques) », proclame son manifeste. En 1962-1963 des bombes éclatent à proximité des édifices publics symbolisant le pouvoir fédéral. Il y aura quelque deux cents explosions jusqu'en 1970, année qui marque le point culminant de l'action du FLQ. Et le début de sa fin. Le FLQ enlève d'abord l'attaché commercial du Haut Commissariat britannique, James Richard Cross, puis le ministre québécois du Travail et de la Main-d'œuvre, Pierre Laporte, qui sera retrouvé mort.

Toute cette agitation nationaliste laisse indifférente la grande majorité des Québécois. Elle est d'abord le fait des intellectuels de la classe moyenne. Les milieux d'affaires, généralement très liés au monde anglophone, craignent pour la croissance économique et les investissements. Les syndicats ouvriers pensent que les réformes constitutionnelles sont un luxe pour les travailleurs, sans effet sur l'amélioration de leur niveau de vie. En 1968,

1. Pierre Vallières, *Nègres blancs d'Amérique*, Parti Pris, 1968.

René Lévesque sera un des premiers, en dehors de la mouvance gauchiste tiers-mondiste, à lier le thème de l'indépendance aux questions économiques et sociales, dans un document intitulé *Option Québec : Pour un Québec souverain dans une nouvelle union canadienne*. Il cherchera à démontrer que la souveraineté politique peut apporter un début de solution aux problèmes économiques et sociaux, à tout le moins qu'elle peut créer les conditions d'une solution.

Peu à peu, Lévesque s'est détaché du Parti libéral qu'il trouve trop timoré sur la question de la souveraineté. Il a été encouragé par deux événements de l'année 1967 : l'Exposition universelle de Montréal et la visite du général de Gaulle.

Accélérateur politique

L'Expo coïncide avec le centième anniversaire de la Confédération, créée en 1867 par le British Act of North America. Elle devait être une manifestation d'affirmation du Canada, de son unité et de son dynamisme. En un sens, les Québécois la récupèrent. « Québec sait faire » est le slogan de l'exposition qui est un clin d'œil, peut-être involontaire, à la devise du Rassemblement pour l'indépendance nationale : « On est capable. » Avec plus d'une cinquantaine de pays représentés et cinquante millions de visiteurs – le plus grand nombre enregistré par une Exposition universelle –, elle constitue une formidable ouverture sur l'étranger. « Le monde vient chez nous », dit Christian Morissonneau, qui voit dans l'Expo un « accélérateur culturel ». Avec elle, Montréal accède au statut de grande métropole internationale, qui sera confirmé par les jeux Olympiques de 1976.

L'« accélérateur politique », c'est bien sûr le voyage de De Gaulle. Le président de la Ve République vient officiellement visiter le pavillon français. Rien n'a été laissé au hasard dans la mise en scène. Le Général traverse l'Atlantique sur un croiseur de la Royale. Il fait escale à Saint-Pierre-et-Miquelon, territoire français d'outre-mer, pour montrer que d'une certaine façon la France retourne chez elle. Puis il remonte le Saint-Laurent, en direction de Québec sur *le Colbert*, comme en 1855, la frégate *la Capricieuse* avait remonté le fleuve, premier bâtiment de guerre français au Canada depuis la conquête britannique de 1763.

Cette arrivée par la voie maritime et fluviale n'est pas fortuite. De Gaulle refait le trajet des grands navigateurs des XVIe et XVIIe siècles qui ont découvert le Canada, les Cartier, les Champlain... Ce choix lui permet aussi de visiter Québec et Montréal, les deux grandes villes du Québec, avant de se rendre dans la capitale fédérale Ottawa, marquant ainsi la priorité qu'il attache à ce « morceau de notre peuple ». Invité à présider la journée française à l'Exposition universelle, il a fait dire qu'il était « très heureux de répondre à l'invitation du gouvernement du Québec. Je suis heureux, a-t-il ajouté, d'en profiter pour aller à Ottawa ». L'ordre des priorités ne saurait être plus clair.

A-t-il déjà prévu un coup d'éclat ? Nul ne le sait. Au cours du voyage préparatoire qui précède toujours les visites officielles des présidents de la République, en France comme à l'étranger, le chef du protocole de l'Élysée avait lâché une petite phrase : « Le Général peut surprendre », avait-il dit à ses collègues diplomates. Mais quelques jours avant l'arrivée du président de la République, l'ambassadeur de France au Canada, François Leduc, reçoit un groupe d'étudiants d'HEC. L'un d'eux pose une question sur le mouvement séparatiste. Réponse de l'ambassadeur : « Ce n'est pas sérieux, c'est de la rigolade. Ce n'est pas dans l'intérêt des Québécois. » Au lendemain de la visite de De Gaulle, l'ambassadeur corrigera le tir.

L'atmosphère de la Libération

Après Québec où il arrive le 23 juillet, le Général emprunte le Chemin du Roy jusqu'à Montréal. C'est la première fois dans l'histoire du Canada qu'un chef de l'État français fait ce parcours de quelque 300 km, inauguré en 1737. De Gaulle s'arrête dans les petites localités pour serrer les mains d'une foule enthousiaste. Fatiguée par dix jours de mer, Mme de Gaulle a demandé à la femme de l'ambassadeur de prendre place dans la voiture officielle aux côtés du Général et de saluer à sa place. Comme « tante Yvonne » est peu connue du grand public, la substitution passe inaperçue. À Repentigny, dans la grande banlieue de Montréal, l'ancien chef de la France libre se penche vers le maire : « C'est la Libération », lui glisse-t-il. À plusieurs reprises, il confiera à ses interlocuteurs qu'il ressent l'atmosphère de la Libération.

À Montréal, il a un entretien avec le maire Jean Drapeau. Aucun discours n'est prévu. Les édiles de Montréal ont tout organisé pour que le Général, adepte des bains de foule, ne puisse se livrer à son exercice favori. La foule l'attend cependant devant la mairie. Quand il descend de voiture, vers 19 h 30, les centaines de militants du Rassemblement pour l'indépendance nationale, scandent « Québec libre ». Les avis diffèrent sur l'importance du comité d'accueil. Un Québécois « grincheux » affirme qu'il n'y avait presque personne. Dans un livre sur les reconstitutions mythiques, un autre auteur affirme que de Gaulle est arrivé sur une place peuplée d'une « foule de photographes mais quasiment vide [1] ». Les images et les récits de l'époque témoignent du contraire. Les touristes, les badauds, dont le nombre est évalué à trois mille ou trente mille selon les sources anglophones ou francophones, sont pris par l'ambiance et agitent des drapeaux tricolores. La fanfare joue *La Marseillaise* puis *Ô Canada*, l'hymne de la Confédération, qui est accueilli par des huées. Des cris fusent, raconte le reporter du quotidien *Le Devoir*, « Le Québec aux Québécois ! », « On veut de Gaulle ! », « Au balcon ! » Malgré les réticences de Jean Drapeau, le Général apparaît finalement au balcon de l'Hôtel de Ville, dont il fait lentement le tour en levant les deux bras dans un V de la victoire, un geste qui lui est familier. « Un discours ! Un discours ! » De Gaulle ne demandait pas mieux. On apporte un micro : « Je vais vous confier un secret que vous ne répéterez pas, commence-t-il en déclenchant les rires. Ce soir, ici, et tout au long de ma route, je me trouvais dans une atmosphère du

1. Clément Rosset, *Fantasmagories*, Éd. de Minuit, 2005.

même genre que celle de la Libération. [...] Si vous saviez quelle confiance la France porte vers vous, si vous saviez quelle affection elle recommence à ressentir pour les Français du Canada, et si vous saviez à quel point elle se sent obligée à concourir à votre marche en avant. [...] Vive le Québec ! » Et après une pause, marque d'une volonté de souligner l'épithète plutôt que d'une hésitation : « Vive le Québec... libre ! »

« Il avait lâché le grand mot que personne n'avait osé attendre. Ce fut une explosion de frénésie, rapporte *Le Devoir*. *La Marseillaise* crépita [...]. Et c'est avec une délicatesse rare que la police entreprit enfin, vers 21 heures, de libérer la chaussée. » Alain Peyrefitte écrit que le Général avait confié depuis plusieurs années à ses collaborateurs : « Un jour le Québec sera libre. » À l'occasion de son voyage, il avait fait graver une médaille semblable à celle qu'on peut voir sur le retable de la chapelle Notre-Dame-des-Victoires à Québec, offerte par Louis XIV avec cette inscription : « *Kebeca liberata* ». Une femme assise symbolisant la France, avec un castor à ses pieds représentant le Canada, figurait au revers de la médaille.

La réaction ne se fait pas attendre. Le gouvernement fédéral dénonce en termes particulièrement durs ce qu'il considère comme une ingérence « intolérable » dans les affaires intérieures du Canada. Devant ce communiqué aussi peu diplomatique que son discours « improvisé » de Montréal, le président de la République française décide d'écourter sa visite et de rentrer en France sans aller jusqu'à Ottawa. L'opinion québécoise est partagée. Pierre Bourgault, le chef du RIN, déclare : « De Gaulle a fait plus pour faire connaître le Québec que nous pendant des siècles. » Certains rappellent qu'au milieu du XIXe siècle les francophones chantaient chez eux, quasi clandestinement : « Jadis la France sur nos bords / Jeta sa semence immortelle. » Et l'écho de répondre : « Ô Canadiens rallions-nous ! / Et près du vieux drapeau symbole d'espérance / Ensemble crions à genoux : / Vive la Fran-an-ce... » Le « Vive le Québec libre » n'est alors qu'un juste retour des choses, après des décennies d'indifférence, pour ne pas dire d'abandon. Un des collaborateurs du Général lui glisse : « Vous avez vengé l'affront fait par Louis XV. »

Un électrochoc

Le gouvernement provincial de Daniel Johnson est embarrassé. Il est embarqué dans une crise institutionnelle avec la Confédération, dont il ne sait pas comment sortir. Son programme s'appelle « Égalité ou indépendance ». Toutefois, sa préférence est claire : « Si le Québec vient à se séparer du Canada, c'est parce que nous y aurons été forcés. Aucun Canadien français ne souhaite au profond de lui-même s'enfermer dans un ghetto. » De Gaulle a promis de lui donner un coup de main. Il n'est pas sûr que sur le balcon de l'Hôtel de Ville de Montréal, il ait choisi la meilleure méthode.

C'est en tout cas l'avis de Claude Ryan, directeur du *Devoir*. Après avoir noté que « ce Canada d'ordinaire si tranquille, si reposant pour tout visiteur étranger » avait vécu des moments d'enthousiasme, de surprise puis d'indignation, il rappelle que « l'amitié ne saurait complètement effacer chez les Québécois cette autre vertu bien française : l'esprit critique ». Il juge certains propos de De Gaulle « excessifs », « déplacés », distillés « avec une complaisance d'un petit goût douteux ». Le Général s'est « laissé emporter par la foule », témoignant d'une méconnaissance de la situation réelle du Québec. Toutefois, l'éditorialiste reconnaît que la visite a fait « l'effet d'un électrochoc » sur un Canada anglophone qui avait tendance à considérer que la question du Québec était réglée et que l'apparition de dirigeants canadiens français « plus conciliants » avait rendu obsolètes les vieux débats. Au contraire : « Le nationalisme québécois, loin d'être en perte de vitesse, revêt une ampleur insoupçonnée. [...] Le rêve de liberté des Canadiens français est plus vif, plus dynamique, plus largement répandu que jamais. »

Reste à savoir s'il peut se concrétiser et comment.

Chapitre 14

La tentation souverainiste

Il existe plusieurs manières d'être maîtres chez soi. En 1960, le gouvernement libéral de Jean Lesage a adopté la méthode économique. Nationalisations, création de sociétés publiques, investissements de l'État dans les secteurs-clés, cette politique rappelle celle menée en Europe occidentale pendant les Trente Glorieuses. Le Québec teste à chaque occasion la tolérance fédérale. Pour l'aile la plus radicale du Parti libéral, il est clair que les limites sont vite atteintes. Le voyage du général de Gaulle a constitué un point de rupture. Au lendemain de la visite, le consulat de France à Québec a été élevé au rang de consulat général et le premier titulaire a le rang de ministre plénipotentiaire. Les anglophones disent : voyez, les Français nomment un « ministre » au Québec. L'année suivante, l'Assemblée du Québec est rebaptisée Assemblée « nationale ». D'ailleurs l'adjectif « national » est de plus en plus employé. Après l'Assemblée, la bibliothèque, les archives, la capitale, etc., deviennent « nationales ». Paris et Québec crée l'Office franco-québécois de la jeunesse (OFQJ) sur le modèle de l'OFAJ, l'Office franco-allemand. Le Québec devient membre de l'organisation de la francophonie encore balbutiante. C'est la seule institution internationale où il est représenté aux côtés du Canada, et au même titre. Aussi longtemps que la francophonie ne s'occupait que de questions culturelles, cette cohabitation ne posait pas de problème. Elle devient plus compliquée quand l'organisation de la francophonie traite de sujets politiques.

La France prend une autre décision symbolique : il n'y aura pas de voyage de responsables publiques français au Canada sans une visite à Québec, et dans la mesure du possible l'étape québécoise doit précéder le séjour à Ottawa. À l'Élysée, les conseillers du général de Gaulle sont les plus ardents partisans du « Québec libre ». Ils traitent de « fédérastes » leurs collègues du ministère des Affaires étrangères qui défendent une attitude plus traditionnelle donc plus équilibrée, selon la formule : « ni ingérence ni indifférence ». Comme le dira quelques années plus tard, à propos des relations entre la France et le Québec, Bernard Landry, alors chef du Parti québécois : « On ne peut pas demander plus, mais on serait blessé si c'était moins. »

Souveraineté-association

Revenu dans l'opposition, Lesage réaffirme que le Parti libéral qu'il dirige n'est pas séparatiste. Il vise simplement la consolidation du statut particulier. René Lévesque n'est pas de cet avis. « Pour ce qui est de la viabilité d'un Québec indépendant, dit-il, cela ne se discute même pas. C'est sûr que le Québec est viable et il faut quelqu'un qui a vraiment perdu le sens des mots pour dire que le Québec n'est pas viable... Ce à quoi il faut arriver au Québec, c'est – aussi complète que possible – à une indépendance qu'il va falloir respecter du point de vue économique. »

Au congrès du Parti libéral, en octobre 1967, Lévesque présente un texte en faveur de la souveraineté du Québec en association avec le Canada. Sa motion est défaite. Lui et ses amis ont déjà quitté la salle. Un mois plus tard, avec des dissidents du Rassemblement pour l'indépendance nationale (RIN), ils créent le Mouvement souveraineté-association (MSA). En novembre, se tiennent les États généraux du Canada français, ultime et vaine tentative de rassembler les francophones du Canada au-delà du Québec. En 1968, le MSA devient le Parti québécois (PQ). La même année, Pierre Elliott Trudeau, chef du Parti libéral fédéral, est élu Premier ministre du Canada. C'est un farouche opposant au nationalisme canadien français et à l'indépendance du Québec. Le décor est dressé et les personnages sont en place pour les affrontements à venir.

À la fin des années 1960, le Québec connaît la même agitation dans les milieux étudiants que les États-Unis et l'Europe occidentale. Avec le recul, Christian Morissonneau s'en amuse : « Notre Mai 1968, ça a été l'Expo de 1967, dit-il. La religion a reçu son dernier coup. On a commencé à tout relativiser. On imitait Paris et la Californie, en séquestrant par exemple le recteur de l'université. Ici, on fonctionne par mimétisme. Mais nous ne sommes pas un peuple tragique. Nous n'avons pas le sens de l'épopée. Nous sommes les champions des demi-mesures. »

Le Front de libération du Québec (FLQ) « mime » la révolution. Le « jeu » se conclura en tragédie. Le 5 octobre 1970, James Richard Cross, attaché commercial au Haut Commissariat de la Grande-Bretagne, est enlevé par quatre hommes, près de sa résidence dans le quartier huppé du Golden Square Mile à Montréal. L'action est l'œuvre de la cellule Libération, une des deux organisations du FLQ, qui en 1970 ne compte guère plus de trente-cinq membres. Tenant d'un mélange de philosophie marxiste et de nationalisme, le groupe est très structuré. Il exige la publication d'un manifeste et l'élargissement de vingt-trois « prisonniers politiques » comme condition de la libération de Cross, ainsi que la mise à disposition d'un avion prêt à décoller pour Cuba ou l'Algérie. Au Québec, c'est le ministre de la Justice, Jérôme Choquette, qui est chargé de l'affaire. Après un refus initial de toute concession, le gouvernement finit par accepter la lecture du manifeste du FLQ sur les ondes de Radio-Canada. Puis Choquette annonce, le 10 octobre, que les ravisseurs pourront bénéficier d'un sauf-conduit pour le pays de leur choix, en échange de la libération de l'attaché commercial britannique.

Vingt minutes après le discours du ministre, Pierre Laporte, ministre du Travail du gouvernement québécois et personnalité influente du Parti libéral, est enlevé devant chez lui, dans le quartier Saint-Lambert, à Québec, alors qu'il joue au ballon dans la rue avec un de ses enfants. Cette fois, l'action est menée par la cellule Chénier du FLQ. L'enlèvement a pour but d'appuyer les revendications de la cellule Libération. Les historiens estiment aujourd'hui que le FLQ ne visait pas particulièrement Pierre Laporte et qu'en tout cas sa mort ne faisait pas partie du scénario. Le gouvernement provincial du libéral Robert Bourassa est pris de panique. Les syndicats sympathisent avec les nationalistes tandis que six mille étudiants dans les rues de Montréal scandent « FLQ ! FLQ ! » Les autorités craignent la généralisation du mouvement, une sorte de Mai 68 à la québécoise. Des personnalités réunies dans le Groupe des Quinze, dont René Lévesque, président du Parti québécois, et Claude Ryan, directeur du *Devoir*, lancent un appel à la négociation. Tout en condamnant la violence, ils proposent d'échanger les « prisonniers politiques » contre les deux otages.

La loi des mesures de guerre

Invoquant le besoin de repos de la police québécoise trop sollicitée depuis une dizaine de jours, le Premier ministre Bourassa demande au gouvernement d'Ottawa le renfort de l'armée fédérale. Dans la nuit du 15 octobre, l'armée occupe les rues de Montréal. En fait, l'ordre avait été donné par Trudeau avant même l'appel à l'aide de Bourassa. La loi des mesures de guerre est proclamée. Elle suspend l'*habeas corpus*, un des principes fondamentaux du système judiciaire à la britannique, et permet perquisitions et arrestations. Quelque cinq cents personnes sont appréhendées (comédiens, chanteurs, écrivains, journalistes, syndicalistes, etc.), dont la plupart seront libérées sans qu'aucune charge n'ait été retenue contre elles. L'armée fédérale prend le contrôle de tout le Québec.

Le 17 octobre, Pierre Laporte est retrouvé mort dans le coffre d'une voiture, dans un terrain vague près de l'aéroport de Québec. Les historiens pensent aujourd'hui que son décès par strangulation a été accidentel. Cross, quant à lui, reste prisonnier pendant plus d'un mois encore avant que les membres de la cellule Libération n'obtiennent, le 3 décembre, un sauf-conduit en échange de sa libération. Les membres de la cellule Chénier sont arrêtés le 28 décembre et condamnés pour enlèvement et meurtre. Ils ont été envoyés en exil, ont purgé leurs peines, ont été libérés puis se sont reconvertis. Louise Lanctôt, membre de la cellule Libération, a publié en 1981 une autocritique sous le titre *Une sorcière comme les autres* : « Contrairement à beaucoup d'anciens militants, je ne me retire pas pour cultiver mon "pot" (marijuana). C'est déprimant, écrit-elle, de voir d'anciens militants déguisés en Hare Krishna [1]. » Elle considère que le FLQ a « accéléré l'histoire ». Pas de victoire du PQ sans FLQ, affirme-t-elle. Son frère Jacques s'est reconverti dans l'édition après un exil à Cuba et trois ans de prison.

La mort de Pierre Laporte a provoqué dans la société québécoise une indignation quasi unanime. En même temps, l'action « révolutionnaire » du FLQ et surtout la réaction musclée des autorités tant fédérales que provinciales accélèrent la prise de conscience nationale des Québécois. Dans un premier temps, le Parti québécois de René Lévesque est affaibli par la crise d'octobre 1970. Ses opposants ne se font pas faute de jeter la confusion entre le PQ et le FLQ.

Lévesque développe la théorie de l'« étapisme » : d'abord gagner les élections puis organiser un référendum sur la souveraineté-association. Au scrutin de 1973, le PQ obtient 30 % des voix contre 23 % en 1970, ce qui n'empêche pas les libéraux – système uninominal à un tour aidant – de rafler la presque totalité des sièges. Le gouvernement libéral a bénéficié de l'impact du « projet du siècle » que le Premier ministre Bourassa a lancé dans le Nord du pays : la construction de centrales électriques dans la baie James.

1. *Le Monde* du 9 juin 1984.

Le projet du siècle

La région est alors pratiquement inconnue de la plupart des Québécois de la vallée du Saint-Laurent. Quelques milliers d'Indiens, Cris et Inuits, habitent cette immensité de neige et de glace en hiver, gorgée d'eau en été, à côté de quelques villes minières installées depuis le début du siècle. Cent cinquante mille personnes ont été mobilisées pour construire des routes, des aéroports et les barrages. Les milliards de dollars nécessaires à la réalisation de cette œuvre pharaonique sont trouvés auprès des banques américaines, ce qui provoque l'ire du Parti québécois. Lévesque et ses amis dénoncent l'aggravation de la dépendance du Québec par rapport aux États-Unis. Mais Bourassa tient bon et la crise pétrolière, que personne ne prévoit quand il lance le projet, lui donne raison. Le Québec devient un des premiers producteurs d'électricité du monde et le Québécois un des plus gros consommateurs d'énergie, avec le citoyen norvégien. Après son arrivée au pouvoir en 1976, le PQ reviendra sur son opposition et réhabilitera la grande idée du Premier ministre libéral.

Les Indiens sont rendus furieux par l'incursion d'Hydro-Québec sur leurs terres. Avant le lancement du projet de la baie James, ils n'ont pas été consultés. La Cour suprême fédérale leur donne raison et ordonne une suspension des travaux qui ne reprennent qu'après une négociation entre le pouvoir fédéral – qui, selon la Constitution, a la tutelle des nations « premières » –, le gouvernement provincial et les Cris. En 1975, ils reçoivent des compensations financières pour les milliers de km^2 de chasse qui ont été inondés. Un document de plusieurs centaines de pages énumère les mesures qui doivent être prises en leur faveur dans les domaines de l'environnement, de l'éducation, de la santé, de la protection de la forêt...

Bien qu'il considère les Québécois comme « colonisés » par les Britanniques, le PQ n'applique pas la même grille de lecture politique aux Amérindiens. À vrai dire, il se désintéresse de leur sort, ce qu'il paiera au moment des deux référendums sur la souveraineté. Seule l'agitation des Indiens attire son attention. Finalement, une « paix des braves » est signée pour cinquante ans en 2002.

La crise d'Oka

Entre-temps, il y a eu la crise d'Oka en 1990. De vives tensions existaient depuis bien longtemps entre Mohawks et Québécois. Mais la décision du maire de la ville d'Oka d'accorder un permis à un promoteur québécois afin de raser une partie d'un cimetière ancestral mohawk dans le but d'agrandir un terrain de golf met le feu aux poudres. Plusieurs Mohawks, appuyés par des membres d'autres nations amérindiennes organisent la résistance. Ils construisent des barricades sur le pont Mercier – le pont relie l'île de Montréal à sa rive sud et il est situé près de la réserve mohawk de Kahnawake. Pour tenter de mettre fin au soulèvement, la province de Québec envoie sa police, la Sûreté du Québec (SQ), mais les résistants mohawks repoussent un premier assaut, tuant un policier. Une partie de la population québécoise se mobilise contre la cause mohawk. Une manifestation a lieu à Ville LaSalle (près du pont Mercier) au cours de laquelle un mannequin représentant un autochtone est brûlé tandis que la foule scande le « Québec aux Québécois ».

Le chef du PQ, Jacques Parizeau, dans l'opposition officielle au gouvernement du Québec, fait alors pression sur le Premier ministre libéral Robert Bourassa pour que ce dernier demande l'aide de l'armée canadienne afin de mettre fin au soulèvement de la nation mohawk. À l'issue d'un siège qui dure plusieurs semaines, l'armée parvient à réduire la rébellion de ceux qui se sont baptisés eux-mêmes « *warriors* » (guerriers).

La crise d'Oka a au moins le mérite, pour les chefs autochtones, d'accélérer le processus de négociations constitutionnelles. Les Amérindiens voulaient obtenir une large autonomie. Sondages et commissions d'enquête montraient qu'une large majorité de Canadiens – sinon de Québécois – étaient favorables à la reconnaissance des droits des « premiers habitants du pays ». Le gouvernement fédéral s'est approprié le dossier et entendait le traiter en même temps que d'autres problèmes constitutionnels (revendications autonomistes du Québec, réforme du Sénat demandée par les provinces de l'Ouest notamment), au lieu de le laisser en queue de liste. Il a par ailleurs accepté que les Amérindiens mènent une vaste consultation auprès des leurs, afin d'élaborer une liste de propositions constitutionnelles. Épilogue de la crise : « Le gouvernement du Canada vient de reconnaître que nous sommes une entité distincte qui a le droit à l'égalité et qui doit se représenter elle-même », avait estimé alors le président de l'Assemblée des premières nations représentant 440 000 Amérindiens.

La loi 22

Après cette incursion dans les années 1990-2000, revenons à d'autres revendications « nationalistes » plus anciennes. Après les élections de 1973, le deuxième mandat de Bourassa est placé sous le signe de la question linguistique. La loi 22 sur « le français comme langue officielle du Québec » est adoptée le 24 juillet 1974. Elle remplace la loi 63 de 1969 sur la promotion de la langue française qui reconnaissait le libre choix de la langue d'enseignement tout en envisageant quelques mesures pour garantir l'apprentissage du français, notamment par les immigrants non francophones (et non anglophones), dits allophones, qui choisissent d'élever leurs enfants dans la culture anglo-saxonne. Toutefois, la loi 22 autorise encore l'utilisation de l'anglais et ne lève donc pas l'ambiguïté dans laquelle vit le Québec.

Plutôt qu'une affirmation identitaire, la loi 22 consacre le statu quo qui ne satisfait pas les nationalistes. C'est une des raisons pour lesquelles le gouvernement fédéral de Trudeau laisse faire. L'autre raison est que le Premier ministre fédéral est obsédé par le « rapatriement » de la Constitution canadienne, de Londres à Ottawa. Nationaliste canadien, Trudeau veut rompre les derniers liens particuliers avec la Grande-Bretagne et consacrer la souveraineté pleine et entière du Canada. Bourassa et l'ensemble de la classe politique québécoise sont contre le rapatriement, car celui-ci renforcerait la structure fédérale et affaiblirait la possibilité d'un recours éventuel du Québec à un arbitrage britannique en cas de grave conflit avec Ottawa. Cette garantie est sans doute illusoire, mais le Québec ne veut pas soutenir la politique de Trudeau aussi longtemps qu'il ne se sera pas vu accorder un droit de veto dans les affaires fédérales-provinciales le concernant.

La victoire du PQ

La loi 22 n'a rien réglé dans l'enseignement et, en 1976, la querelle scolaire s'envenime autour d'une école fréquentée par de petits immigrants d'origine italienne. Bourassa provoque des élections. Avec René Lévesque, le PQ n'a pas remisé sa doctrine souverainiste : le Canada est « une maison dans laquelle nous sommes ridicules, impuissants, diminués, réduits à brailler depuis un siècle et tragiquement ridiculisés par les vieux partis qui nous prennent pour des imbéciles en nous fabriquant de ces maudits slogans comme "Maîtres chez nous", dit-il. "Il faut que ça change", "Québec d'abord et maintenant", "Québec au travail" et "Québec plus que jamais" ». Mais loin de faire campagne pour le séparatisme, il insiste sur la nécessité d'un « bon gouvernement » qui appliquera une politique graduelle et pragmatique, dans la bonne tradition... britannique. À la grande surprise de ses propres dirigeants, le PQ remporte le scrutin du 15 novembre 1976. Avec 41,4 % des voix, il obtient 71 sièges à l'Assemblée sur 110. Lévesque déclare : « Je n'ai jamais pensé que je pourrais être aussi fier d'être québécois. »

Le 25 novembre, il prête serment comme Premier ministre et jure de porter « vraie allégeance à Sa Majesté la reine Elizabeth II, à ses *heirs* [héritiers directs] et à ses successeurs, selon la loi ». Trudeau réagit immédiatement à la victoire du PQ. « M. Lévesque récolte un mandat pour gouverner le Québec, non pas pour séparer le Québec du reste du Canada. » Il a raison. Lévesque ne dit pas autre chose. Le PQ n'a pas réuni une majorité sur un programme indépendantiste, même si l'indépendance reste le « but ultime ». Le Premier ministre fédéral ne veut négocier « aucune forme de séparatisme avec quelque province » car il reste fidèle à ses convictions de jeunesse. Pour lui, le séparatisme est foncièrement réactionnaire et conservateur, alors que la Fédération est la cadre idéal pour l'épanouissement de toutes les composantes du pays : « La seule vraie question est celle-ci, dit-il au lendemain des élections québécoises : qui, du Canada ou du Québec, peut le mieux assurer l'épanouissement des Québécois dans la liberté et dans l'indépendance ? »

À cette « vraie question », Lévesque et lui donnent des réponses diamétralement opposées. Trudeau menace : « Si le Canada est divisible, le Québec doit l'être aussi. » Autrement dit, si l'on accordait le droit à la minorité québécoise au sein du Canada à quitter la Fédération, au nom de quoi refuserait-on à la minorité anglophone du Québec de se détacher de la province ? « Je trouve ça déprimant, dira Lévesque, que ce soit des Québécois, Trudeau et quelques autres, qui aient travaillé d'arrache-pied à diminuer le Québec et essayé non seulement de le faire rentrer dans le rang du régime fédéral mais aussi de lui enlever ses aspirations les plus légitimes [1]. »

Quoi qu'il en soit, le PQ et son chef doivent donc tenir compte du rapport des forces au sein du Québec, d'une part, entre la province et le gouvernement fédéral, d'autre part. Lévesque prône la souveraineté-association, du nom du premier mouvement qu'il avait créé en 1967 et promet un référendum. Avant d'engager le processus, il impose une première réforme pour défendre la spécificité linguistique du Québec.

1. Entretien avec l'auteur, *Le Monde* du 7 juin 1984.

Chapitre 15

Une musique, pas une langue

Le premier pas vers l'affirmation d'une identité particulière du Québec est accompli, comme souvent dans le passé, dans le domaine linguistique. Moins d'un an après son arrivée au pouvoir, le PQ adopte la loi 101 qui fait du français la seule langue officielle du Québec. La Charte de la langue française, connue donc sous le nom de loi 101 a été préparée par le ministre du Développement culturel, Camille Laurin. Psychiatre de formation, celui-ci attache une importance particulière à la question de l'identité. Le préambule de la Charte est sans équivoque : « Langue distinctive d'un peuple majoritairement francophone, la langue française permet au peuple québécois d'exprimer son identité. » Ces principales dispositions sont les suivantes : usage exclusif du français dans l'affichage public et la publicité, programmes de francisation dans toutes les entreprises employant plus de cinquante salariés, accès à l'école anglaise limité aux seuls enfants dont un des parents a reçu son enseignement primaire en anglais au Québec, validité exclusive de la version française des lois.

Après des décennies, pour ne pas dire des siècles, de batailles pour garder la langue française chez les Canadiens français puis les Québécois, la loi 101 a apporté une sorte de « paix linguistique ». Trente ans après son adoption, elle a fait ses preuves. La quasi-totalité des magasins pratiquent l'affichage en français; 84 % des francophones utilisent le français à leur travail. Les deux tiers des Québécois anglophones maîtrisent le français, tandis qu'un peu plus de 60 % des francophones ne parlent que le français. Le véritable succès se mesure chez les immigrants, ni francophones ni anglophones à l'origine, qu'on appelle les allophones. Avant la loi 101, ils étaient naturellement attirés par l'anglais qui leur paraissait, à juste titre sans doute, créer plus de possibilités de travail sinon d'intégration. En 1977, 85 % des enfants d'immigrants choisissaient l'école anglaise. Pour les souverainistes, ce chiffre représentait la plus grande menace contre la survie de la langue française au Québec donc contre la spécificité québécoise non seulement au Canada mais dans toute l'Amérique du Nord. Après trente ans d'application de la loi 101, 80 % des enfants d'immigrés optent pour le français.

Le Québec est le seul endroit au monde où on joue au golf en français ! Cette Charte de la langue française dresse contre elle les non-francophones. Elle sera par la suite assouplie dans sa mise en œuvre mais elle fait fuir les anglophones. « Des anglos frustrés commencèrent massivement à quitter le Québec pour l'Ontario, écrit Josh Freed, un Québécois anglophone, chroniqueur de *The Gazette* de Montréal, de sorte que l'autoroute 401 entre Montréal et Toronto devint connue sous le nom d'autoroute 101. »

Du pur québécois

Le français, oui, mais quel français ? Dans la Nouvelle-France du XVIIe siècle, on parle le français, celui du nord de la France, de la Normandie et de l'Île-de-France, alors qu'il faudra attendre le XIXe siècle, dans la mère patrie, pour que tout le monde parle et comprenne la même langue. On ne distingue le parler d'aucune province dans celui de la canadienne, disent les voyageurs venus de France. Comme on a besoin d'une langue commune, on choisit la plus prestigieuse, celle qu'on parle à la Cour.

Dans les années 1660, Racine décrit à La Fontaine ses impressions de voyage dans le pays de la langue d'oc. Après Lyon, il ne comprend plus rien. À Uzès, écrit-il, « je vous jure que j'ai autant besoin d'un interprète qu'un Moscovite en aurait besoin dans Paris ». Les paysans français qui émigrent au Canada emportent avec eux le français des ruraux du nord de la France, tel que l'influence prépondérante de Paris l'avait déjà formé. L'arrivée des filles du roi, pour la plupart élevées dans des orphelinats de la Région parisienne renforce cette influence. Les immigrants qui viennent d'autres contrées s'adaptent au parler dominant pour s'exprimer et se faire comprendre. Les Québécois, descendants des « habitants » n'ont donc aucune raison d'accepter des leçons de grammaire ou de prononciation de la part des Français de France, qui ne se débarrassent jamais d'un petit sentiment de supériorité.

En 1720, le jésuite François-Xavier de Charlevoix appelle les Canadiens les « Créoles du Canada » et les crédite d'un « air de liberté qui les rend fort agréables dans leur commerce de la vie » et ajoute : « Nulle part ailleurs on ne parle plus purement notre langue. On ne remarque même ici aucun accent. »

L'écrivain Jean Forest, qui marie l'humour avec l'érudition, pousse plus loin l'éloge de ses compatriotes : « On ne s'étonne pas assez, écrit-il, de la facilité avec laquelle nous lisons les textes de Bossuet ou de Fénelon. De la transparence absolue de Pascal, des *Contes de ma mère l'Oye*, de Perrault, de *La Princesse de Clèves* ou des *Maximes* de La Rochefoucauld. C'est bien qu'ils sont écrits, ces ouvrages, en pur *québécois*. Tout le XVIIIe siècle français n'a-t-il pas parlé québécois ? »

Le retour du joual

Après la conquête anglaise de 1763, le français du Canada reste à l'abri des changements imposés par la Révolution française qui substitue le français de la bourgeoisie à celle de la Cour. D'où ce que certains considèrent être son aspect « archaïque ». Mais il évolue sous l'influence de l'anglais. Des anglicismes entrent dans le vocabulaire. Dans les années 1830, Tocqueville qui s'étonne de rencontrer en Amérique des gens qui parlent français, trouve aussi qu'ils sont un peu « bouseux ». L'aristocrate visite un tribunal : « Les avocats parlent français avec l'accent normand des classes moyennes. Leur style est vulgaire et mêlé d'*étrangetés* et de locutions anglaises. Ils disent qu'un homme est *chargé* de dix louis pour dire qu'on lui demande dix louis. – Entrez dans la boîte, crient-ils au témoin pour lui indiquer de se placer dans le banc où il doit déposer. » Au Québec, on dit encore qu'on va « canceller » un rendez-vous, dans cet emprunt des mots anglais conjugués à la française.

Dans les années 1960, au moment de la Révolution tranquille, deux tendances s'affrontent. Les élites s'élèvent contre le québécois et veulent revenir à une langue plus pure. Elles rejettent le parler informe, populaire et anglicisé, qu'on appelle le « joual » depuis le début du XXe siècle. Joual est un mot qui vient du normand pour cheval (« d'ch'val »). Elles pensent que la langue s'est appauvrie au contact de l'anglais et qu'il faut revenir à la langue parlée en France. Même la génération de chanteurs et de poètes de la Révolution tranquille met du temps à rompre avec la conception élitiste. Il a fallu deux ans à Pauline Julien pour renoncer à « toi » au profit de « toué » (qui était en effet la prononciation en cours à Versailles au XVIIe siècle).

La deuxième tendance va exactement à l'opposé de la première. Le « parti culturel », composé d'artistes, d'intellectuels, de romanciers, de chansonniers, revendique haut et fort le parler québécois, comme élément fondamental d'une identité qui veut s'affirmer dans un continent anglophone. La renaissance culturelle du Québec fait connaître en France les noms de Félix Leclerc, né à La Tuque, la ville des forestiers chantée par l'auteur de *Maria Chapdelaine* trente ans plus tôt, Gilles Vigneault, Robert Charlebois, Pauline Julien... « Six millions d'individus parlant presque français en Amérique sont par eux-mêmes une anarchie qui réclame qu'on le dise », proclame Gilles Vigneault. Il faut « des mots pour nous dire », pour définir l'identité québécoise, s'approprier le pays et faire sortir du folklore la langue du peuple. « C'était l'époque où, quand on prononçait le mot québécois, dit le chansonnier Robert Charlebois, on avait les yeux ronds des enfants qui prononcent le mot cul pour la première fois. » On ne veut plus d'un petit peuple d'origine française vivant en Amérique du Nord – c'était la définition des Canadiens français –, on décide de se rebaptiser Québécois.

Le premier roman en joual paraît en 1964. C'est *Le Cassé*, de Jacques Renaud. Michel Tremblay donne en quelque sorte ses lettres de noblesse au joual. C'est une langue faite d'élisions, de simplifications, de relâchements grammaticaux. Le vocabulaire est truffé d'anglicismes, de barbarismes, de jurons. Son moyen d'expression le plus populaire est la chanson. Ses partisans affirment qu'il est mieux à même de rendre la réalité populaire alors que le français serait réservé aux classes supérieures. La référence n'est plus le bon usage, mais l'usage tout court.

La langue de la défaite

Tout le monde n'est pas d'accord, y compris parmi la génération de la Révolution tranquille. Gilles Vigneault, par exemple, reproche au joual d'être la langue des colonisés. « Le joual, dit-il, est le résultat tangible de l'aliénation politique et commerciale d'une langue par une autre. Si c'est devenu la langue d'un grand nombre de gens de chez nous, c'est qu'il y avait un grand nombre de gens aliénés politiquement et commercialement par d'autres. » On aurait tort en tout cas de croire que le joual, parce que c'est un parler populaire, est plus facile à manier que le français. C'est le contraire, affirme encore Gilles Vigneault : « Il faut pour écrire en joual une chanson de même calibre, une connaissance supérieure de la syntaxe française... c'est beaucoup plus difficile pour moi d'écrire une chanson en joual qu'en français pur... » Jugement contesté par Lucien Francœur, qui écrit dans *Ambulance Francœur* :

« J'me force pas pour chanter en joual
« J'chante comme tout le monde parle. »

Si les Québécois « nationalistes » qui s'affirment pendant la Révolution tranquille et préparent le terrain à la victoire électorale du Parti québécois se méfient du français, c'est parce que celui-ci leur apparaît, contrairement à Gilles Vigneault, comme la « langue de la défaite ». Ailleurs qu'en Amérique parler français est prestigieux, en Acadie, en Louisiane, au Québec, soutiennent-ils, le français est la langue des vaincus et, pire encore peut-être, la langue de ceux qui se sont désintéressés de ces contrées pour les abandonner aux Anglo-Saxons. Il n'est pas question de s'identifier à eux par la langue. Robert Charlebois veut « pouvoir tout nu crier à la terre / Qu'on n'est ni de France ni d'Angleterre ».

Certains se demandent cependant si cette volonté de s'émanciper par rapport à l'ancienne métropole qui s'est détournée et de la métropole plus récente qui s'est imposée, n'aboutit pas à tomber sous une nouvelle domination, celle des États-Unis. C'est un risque auquel les Québécois veulent parer en mettant en avant leur spécificité francophone. C'est aussi un risque assumé en conscience. La France apporte la langue, l'Amérique la musique. « Je me sers des mots français mais je "phrase" d'une façon différente des auteurs français », écrit Jean-Pierre Ferland. La question de savoir si le québécois restitue une atmosphère québécoise de la réalité nord-américaine ou l'atmosphère nord-américaine de la réalité québécoise est sans issue. C'est aussi la spécificité du Québec de se trouver en Amérique du Nord, non comme un corps étranger mais comme partie intégrante, bien que différente, du continent. Les artistes qui refusent que le nationalisme québécois ne sombre dans le folklore mais affirment sa modernité insistent sur cette insertion dans un environnement américain : « Il s'agissait pour moi de fuir l'exiguïté culturelle de la patrie, pour rejoindre la vastitude du continent, écrit Lucien Francœur. J'ai assumé cette rupture au risque d'être évacué de l'histoire littéraire du Québec. J'ai toujours voulu écrire dans le sens de l'américanité qui était le territoire de mon errance. Cette américanité, on me l'a souvent reprochée, la trouvant néfaste pour l'émergence d'une identité québécoise conforme à une vague tradition folklorique. »

C'est une des contradictions sur lesquelles buttera le projet indépendantiste du Parti québécois.

Chapitre 16

Deux fois non

Après la loi 101, cette première affirmation identitaire, la grande affaire reste l'indépendance, la manière de l'obtenir et de l'accommoder. Ce n'est pas aussi simple que les souverainistes du PQ l'avaient envisagé dans l'opposition et pendant la campagne électorale. Ambassadeur de France à Ottawa, ancien conseiller du général de Gaulle, Pierre Maillard note l'ambiguïté de l'attitude québécoise : « Il y a une espèce de fatalité au Québec, écrit-il. On trouve, chez les Québécois, un dynamisme certain mais aussi une crainte du saut final. Ils gardent à la fois le pied sur l'accélérateur et l'autre sur le frein. » De René Lévesque, on dit alors qu'il incarne parfaitement les qualités et les défauts des Québécois, avec leur caractère ouvert et amical, mais leur propension à s'abîmer dans l'impuissance à force de « jongler » (tourner autour) ou de « patiner » (donner un coup à droite puis un coup à gauche).

Le référendum promis par Lévesque est fixé au 20 mai 1980. La question qui sera posée est dévoilée à la fin de 1979. Elle s'appuie sur un livre blanc qui décrit ce que le PQ entend par souveraineté-association. La nouvelle entente prévoit un système monétaire commun avec le reste du Canada, assorti d'une réorganisation de la Banque du Canada, qui sera dotée de nouvelles institutions communes, notamment une autorité monétaire centrale. Elle suppose comme allant de soi une zone commune de libre-échange et un tarif douanier commun (quoique chacune des deux communautés puisse protéger sa propre agriculture). Elle prévoit la libre circulation des biens et des personnes entre le Québec et le Canada, ainsi que diverses ententes spéciales touchant l'emploi et l'immigration. Un conseil mixte comprenant un nombre égal de ministres de chaque côté et présidé en alternance par un Canadien et un Québécois résoudrait tout litige éventuel.

Trois autres structures canado-québécoises sont proposées : un comité d'experts formant, sous la direction du conseil, un secrétariat général de l'association ; un tribunal comprenant un nombre égal de juges québécois et canadiens et ayant compétence exclusive quant à l'interprétation et au fonctionnement du traité d'association ; une autorité monétaire mixte responsable de la gestion du taux de change unique, mais non de la dette des deux partenaires souverains (chacun assumerait sa propre dette). Selon le livre blanc, la souveraineté-association n'est pas une fin en soi, mais un moyen permettant au Québec de diriger librement ses propres affaires. Le Québec jouirait ainsi des avantages économiques de l'union fédérale tout en bénéficiant de l'indépendance politique.

Une formule emberlificotée

La question posée aux Québécois illustre parfaitement, quant à elle, le propos de l'ambassadeur de France. La formulation est compliquée, « emberlificotée », dit le chef de l'opposition, voire contradictoire. Elle occupe plusieurs lignes : « Le gouvernement du Québec a fait connaître sa proposition d'en arriver, avec le reste du Canada, à une nouvelle entente fondée sur le principe de l'égalité des peuples ; cette entente permettrait au Québec d'acquérir le pouvoir exclusif de faire ses lois, de percevoir ses impôts et d'établir ses relations extérieures, ce qui est la souveraineté – et, en même temps, de maintenir avec le Canada une association économique comportant l'utilisation de la même monnaie ; aucun changement de statut politique résultant de ces négociations ne sera réalisé sans l'accord de la population lors d'un autre référendum ; en conséquence, accordez-vous au gouvernement du Québec le mandat de négocier l'entente proposée entre le Québec et le Canada ? » Comprenne qui pourra. En résumé, le PQ ne demande pas formellement un vote sur l'indépendance, renvoyée à une autre consultation, mais un mandat pour négocier une « nouvelle entente » avec le Canada, dont celui-ci ne veut pas !

Le 20 mai 1980, le non l'emporte par 58,2 %. Il semble qu'une légère majorité se soit dégagée chez les Québécois francophones mais l'ensemble de la province a clairement rejeté la politique du PQ. « La balle est dans le camp des fédéralistes », déclare René Lévesque, tandis que Pierre Elliott Trudeau veut pousser l'avantage qu'il vient de prendre sur son frère ennemi pour faire avancer la réforme qui lui tient le plus à cœur : le rapatriement de la Constitution. Il voit dans le résultat du référendum québécois une volonté de changement sur laquelle il veut « tabler pour renouveler la fédération canadienne et redonner à tous les Québécois, comme à tous les citoyens de ce pays, le goût d'être et de se proclamer Canadiens ».

La nuit des longs couteaux

Le gouvernement du Québec pose trois conditions. Il exige la reconnaissance du droit du Québec à l'autodétermination, la reconnaissance aussi de la dualité canadienne et de l'existence de deux nations fondatrices ainsi que la conservation par le Québec de tous les pouvoirs lui permettant de sauvegarder son identité culturelle, dans les domaines éducatif et linguistique. Le pouvoir fédéral n'est pas disposé à faire ces concessions. Trudeau annonce même qu'il est prêt à un rapatriement « unilatéral » de la Constitution, c'est-à-dire à se passer de l'acquiescement des provinces.

Les gouvernements provinciaux, peut-être encouragés par l'exemple du Québec, ne l'entendent pas ainsi et forment un front commun incluant les Québécois, contre les projets de Trudeau. Cette résistance, toutefois, est de courte durée. Dans la nuit du 5 au 6 novembre 1981, sept Premiers ministres provinciaux formulent une entente séparée en l'absence de Lévesque. L'épisode est connu au Québec sous le nom de « nuit des longs couteaux ». Le chef du gouvernement québécois annonce qu'il se retire de toutes les conférences fédérales-provinciales, sauf de celles ayant trait à l'économie. L'année suivante, le Canada Bill promulgue une nouvelle Constitution canadienne qui fait silence sur la principale revendication québécoise, à savoir l'octroi d'un droit de veto. René Lévesque ne se donne pas battu pour autant. Il ne croit pas que la situation du Québec peut s'améliorer dans le cadre fédéral : « Il faut sortir de la naïveté qui consiste à dire : “Restons le cul sur le fauteuil de la dépendance et laissons-nous entretenir par les autres.” Mais je vous jure qu'il y a plus de risques là que dans le risque calculé et exaltant qui consiste à prendre ses outils en main et à s'en servir au maximum [1]. »

Au début des années 1980, le Québec est rattrapé par la crise économique. Le modèle « social-démocrate » ne fonctionne plus. La dette s'envole, le budget est en déficit, obligeant le gouvernement à baisser le salaire des fonctionnaires. Au sein du PQ, les frictions se multiplient, aggravées par la crise politique. Le successeur de Pierre Elliott Trudeau à la tête du gouvernement fédéral, le conservateur Brian Mulroney, souhaite que le Québec adhère à la nouvelle Constitution « dans l'honneur et l'enthousiasme ». À la recherche d'une sortie de crise après l'échec du référendum, Lévesque saisit la main tendue. Il met en sourdine l'idée d'indépendance, provoquant la démission de plusieurs ministres péquistes.

Le 20 juin 1985, René Lévesque démissionne à son tour. Le PQ perd les élections qui suivent, au profit des libéraux. Robert Bourassa redevient chef du gouvernement provincial. En 1987, les Premiers ministres provinciaux et le Premier ministre fédéral signent l'accord du lac Meech. Celui-ci reconnaît que « l'existence de Canadiens d'expression française, concentrés au Québec mais présents dans le reste du pays, et de Canadiens d'expression anglaise, concentrés dans le reste du pays mais

1. Entretien avec l'auteur, *Le Monde* du 7 juin 1984.

présents au Québec, constitue une caractéristique fondamentale du Canada », et que « le Québec forme au sein du Canada une société distincte ». Une « société distincte » n'est pas une « nation ». Il faudra attendre encore près de vingt ans pour que l'existence d'une « nation » québécoise soit reconnue « au sein du Canada ». La formule agacera les fédéralistes intransigeants sans satisfaire les nationalistes québécois qui trouveront restrictive l'expression « au sein du Canada ». Il était déjà question de « nation » à propos des Amérindiens (« premières nations ») et les Québécois n'apprécient guère de leur être symboliquement assimilés.

Assumer son destin

En attendant, même l'accord du lac Meech va trop loin pour les nationalistes canadiens à la Trudeau. L'ancien Premier ministre dénonce dans le quotidien francophone *La Presse*, un « gâchis total ». Il poursuit : « L'accord rendra l'État canadien tout à fait impotent dans la dynamique du pouvoir, cela voudrait dire qu'il sera éventuellement [1] gouverné par des eunuques. » Trudeau avait tort de s'inquiéter. L'accord du lac Meech restera à l'état de projet. Les parlements du Manitoba et de Terre-Neuve refusent de le ratifier, le rendant ainsi caduc. Robert Bourassa ne veut pas laisser tomber la concession arrachée sur la « société distincte ». « Quoi qu'on en dise, déclare-t-il devant l'Assemblée du Québec, et quoi qu'on en pense, le Québec est aujourd'hui une société distincte, libre, capable d'assumer son destin et son développement. » Le chef de l'opposition, Jacques Parizeau, qui a succédé à René Lévesque à la tête du Parti québécois, se lève alors et se dirige vers Bourassa : « Mon Premier ministre, je vous tends la main. »

1. Au sens anglais du mot *eventually*, en définitive.

Deuxième non

Après plusieurs gouvernements libéraux, le PQ revient au pouvoir en 1994. Jacques Parizeau est Premier ministre. Il annonce un nouveau référendum avec une question plus simple et plus directe qu'en 1985 : « Acceptez-vous que le Québec devienne souverain après avoir offert formellement au Canada un nouveau partenariat économique et politique dans le cadre du projet de loi sur l'avenir du Québec et de l'entente signée le 12 juillet 1995 ? »

Le non l'emporte à nouveau mais cette fois, avec une faible marge. 50,6 % contre 49,4 % au oui, soit 54 288 voix de différence. Parizeau est considéré comme le responsable de cette seconde défaite. Il a fait une campagne « ethnique », opposant les francophones aux anglophones du Québec, au risque d'effrayer ces derniers qui éprouvaient déjà peu de sympathie pour la cause souverainiste. Après le scrutin, il aggrave son cas. Submergé par les remèdes alcoolisés qui consolent de la défaite, il provoque un tollé en mettant en cause les nouveaux immigrants, les riches, les milieux d'affaires, au lieu d'accepter cette simple constatation : le Québec a du mal à faire un choix clair. C'est une constante dans son histoire.

Peut-être les nouveaux immigrants ont-ils joué un rôle dans la défaite du PQ au référendum. Même s'ils envoient leurs enfants apprendre le français dans les écoles publiques, loi 101 oblige, ils n'ont pas un attachement aussi profond à l'identité québécoise et donc à la souveraineté du Québec. L'immigration est bigarrée, bien qu'elle soit « choisie ». La différence avec la France, c'est qu'elle est choisie et souhaitée. Le Canada, et le Québec en particulier, a besoin de main-d'œuvre immigrée. Ils la choisissent avec soin, à l'aide d'officines publiques établies dans les pays d'émigration. Le Québec privilégie les pays francophones mais les immigrants dont la langue maternelle n'est ni le français ni l'anglais, sont l'écrasante majorité. Les immigrés représentent 20 % des sept millions de Québécois.

Les problèmes ne manquent pas. Le taux de chômage est plus élevé chez les immigrants que chez les Québécois « de souche » (9 % contre 6 %). Le soin apporté au recrutement, fondé sur des entretiens et un système de points, d'autant plus favorable qu'on est jeune, qualifié et en famille, n'empêche pas les ratés. L'anecdote qui court à ce sujet au Québec est significative : quel est l'endroit de Montréal où vous avez le plus de chances d'être sauvé en cas d'infarctus ? Réponse : un taxi, car les probabilités sont très fortes que le chauffeur soit un cardiologue indien.

Cependant, une fois accepté, l'immigrant débrouillard n'a pas de mal à s'en sortir. Un Marocain, qui était en contact avec des Québécois de par sa profession alors qu'il était au Maroc, témoigne. « Une fois que vous avez mis le pied sur le territoire canadien, dit-il, vous êtes considéré comme canadien. » Il compare la facilité avec laquelle il a pu créer une petite entreprise, dès lors que ses papiers étaient en règle, avec les difficultés rencontrées en France. Au Québec, il suffit de se présenter au bureau des entreprises, de remplir une fiche, de verser une taxe de 300 dollars (environ 180 euros), pour recevoir sur-le-champ une attestation provisoire qui permet d'avoir un numéro fiscal et d'ouvrir un compte en banque. Avec un investissement de 30 000 dollars, il a ouvert une pizzeria sur la rue Sherbrooke, en plein centre de Montréal, puis un bar et enfin un magasin d'alimentation générale, un de ces « dépanneurs » ouverts tard dans la nuit.

Si, devenu citoyen canadien avec sa femme et ses trois enfants, il a décidé de s'installer en France, c'est à cause de l'éloignement du pays et de la dureté du climat. Mais il a déchanté, renvoyé tout le monde au Canada où ses enfants suivent des cours à l'université, et s'apprête à repartir.

Vis-à-vis des immigrants et des cultures étrangères, les Québécois font preuve d'une grande tolérance. Devra-t-on en parler au passé ? Divers incidents ont montré ces derniers mois les limites du multiculturalisme. Les Québécois commencent à se demander si, en dehors des connaissances linguistiques, il ne serait pas bon d'exiger des nouveaux venus une adhésion aux

« valeurs communes québécoises ». Encore faudrait-il pouvoir les définir. La référence religieuse qui était prédominante jusque dans les années 1960 ne peut plus servir de point de repère. Les Québécois se sont sécularisés très rapidement, une anomalie en Amérique du Nord, au moins comparée à la situation aux États-Unis. Le quotidien *La Presse* a récemment lancé un appel à ses lecteurs : « Ne devrions-nous pas nous inspirer de la loi française sur la laïcité ? »

Le kirpan et la charia

L'idée d'un juge de reconnaître la charia comme base de règlement de contentieux entre musulmans, dans l'État de l'Ontario, voisin du Québec, a relancé la discussion. Au Québec même, le débat a porté sur la possibilité pour un jeune sikh de porter le kirpan (le poignard rituel) à l'école. Au nom des « accommodements raisonnables », l'autorisation lui a été accordée mais à condition que le couteau soit cousu dans son vêtement. Selon la Charte des droits et des libertés, tout Québécois présentant des besoins particuliers est juridiquement assuré qu'il pourra obtenir satisfaction. Mais ces accommodements doivent rester « raisonnables » et ils s'adressent à des individus (handicapés, immigrés, etc.) pas à des groupes. 65 % des Québécois trouvent qu'il y a maintenant trop d'accommodements raisonnables. Ce que *La Presse* illustre par l'exemple suivant : « Quand la police de Montréal suggère aux femmes patrouilleurs de rester en retrait quand leur collègue masculin intercepte un juif orthodoxe, ce n'est pas de l'accommodement raisonnable, c'est un scrupule déraisonnable. »

Dans le bourg d'Hérouxville, à 160 km au nord de Montréal, un conseiller municipal, André Drouin, a provoqué une polémique en voulant imposer dans la municipalité un « code de vie » interdisant l'excision et la lapidation. Devant la levée de boucliers des partisans du multiculturalisme, il a reconnu avoir exagéré en présentant l'excision et la lapidation comme les deux dangers menaçant le Canada, mais il l'a fait pour attirer l'attention sur un problème plus vaste : « Si on s'adapte à tous les nouveaux immigrants, a-t-il déclaré, qu'adviendra-t-il de notre culture québécoise dans dix ou vingt ans ? » Mario Dumont, nouveau venu sur la scène politique québécoise avec son parti, Action démocratique du Québec, a joué les trouble-fête aux dernières élections provinciales. Nationaliste québécois sans être séparatiste, il réclame une constitution définissant des valeurs communes. Il a du succès parce que son discours correspond à « un besoin de nouveaux mythes nationaux », explique Gérard Bouchard, sociologue et historien à l'université du Québec à Chicoutimi [1].

Encore les têtes à Papineau

L'indépendance semble avoir disparu, au moins pour un temps, des mythes nationaux du Québec. Le référendum de 1995 a montré que la province était coupée en deux. Les Québécois aussi, comme « les têtes à Papineau ». Ils sont déchirés en eux-mêmes, incapables de se décider pour ou contre l'indépendance, tiraillés entre la volonté d'être maîtres chez eux et la peur du saut dans l'inconnu, soucieux de maintenir intacts deux rêves concomitants et incompatibles, celui, nostalgique, d'un Canada qu'ils ont formé et qui leur ferait leur juste place, et celui, visionnaire, d'un Québec souverain.

1. Cité par *L'Express* du 15 mars 2007.

CHAPITRE 17

Entre deux maux, le statu quo

Tous les Québécois ne sont pas d'origine francophone. Tous les francophones ne sont pas souverainistes. Ces simples vérités expliquent que les indépendantistes convaincus ne représentent qu'environ un tiers de l'électorat et que le Parti québécois ait été mis en échec aux deux référendums de 1980 et de 1995. Mais l'explication est partielle. Car il y a une raison plus psychologique qu'arithmétique aux revers du souverainisme. C'est cette propension des Québécois – des Canadiens français ? – à vouloir en même temps une chose et son contraire, donc à refuser de choisir pour ne pas se lancer dans l'inconnu. Un pied sur l'accélérateur, un pied sur le frein, comme disait l'ambassadeur de France à Ottawa aux plus beaux jours du PQ.

René Lévesque, le fondateur du Parti québécois, est sans doute l'homme politique québécois qui, le premier, soit allé aussi loin dans la volonté d'émancipation et dans la tentative de la mettre en œuvre. Et pourtant sa formule de « souveraineté-association » était un reflet parfait de cette ambivalence permanente. Elle cultivait l'art de ménager les contraires. Elle illustrait le refus de se prononcer sans détour pour l'indépendance du Québec, dont Lévesque savait parfaitement qu'elle n'avait pas de majorité, sans pour autant y renoncer. Le PQ espérait répondre aux craintes des antisouverainistes en leur parlant d'association avec le reste le Canada. Les indépendantistes purs et durs considéraient à la fin des années 1970 que la victoire du Parti québécois aux élections législatives de 1976 lui donnait mandat de négocier la sécession, bien que la majorité en sièges à l'Assemblée ne correspondît pas à une majorité de suffrages populaires. Lévesque a insisté sur la tenue du référendum qu'il avait promis pendant la campagne législative afin de ne pas effrayer les électeurs enclins à voter pour le Parti québécois, malgré leurs réserves, voire leur hostilité, à l'indépendance.

Ces ambiguïtés ont été renforcées par la formulation tarabiscotée de la question posée au premier référendum. Il ne s'agissait pas de dire oui ou non à l'indépendance, ni même oui ou non à la « souveraineté-association », mais de donner mandat au gouvernement de négocier ce statut. À l'issue de la négociation, les Québécois auraient été appelés à se prononcer, par un autre référendum, sur le résultat. L'écrivain Pierre Vadeboncœur a décrit cet imbroglio : « Nous faisons à mesure ces situations inextricables, compliquées, difficiles, impossibles, jamais nettes, qui nous plongent en retour dans nos perplexités. »

Savoir que nous vivons en Amérique

Tous les observateurs du Québec insistent sur cette ambivalence. Elle est liée à l'histoire tourmentée d'un peuple qui est à la fois un morceau arraché – à l'origine – au peuple français, de Gaulle se plaisait à le rappeler, en oubliant cependant une autre composante de l'être québécois : la rupture avec la France, intervenue à l'initiative de celle-ci, ne pouvait être simplement réparée par un geste spectaculaire sur le balcon de la mairie de Montréal, afin de « payer la dette de Louis XV », comme le disait un collaborateur du Général. Cette rupture a entraîné les Canadiens français dans le giron de Sa Majesté le roi ou la reine d'Angleterre. La nouvelle allégeance, mi-forcée mi-consentante, ne devait pas rester sans effets. Enfin, le Québec ne s'est pas développé n'importe où, sur une île déserte entre la France et la Grande-Bretagne. Il vit, comme le reste du Canada, à l'ombre de son grand voisin du sud, avec lequel il entretient des relations elles aussi ambiguës. En 1834, Louis-Joseph

Papineau, le chef des Patriotes, disait : « Il ne s'agit que de savoir que nous vivons en Amérique et de savoir comment on y vit. »

Sans le Québec, francophone, catholique, le Canada courait le risque depuis longtemps d'être englouti dans les États-Unis. « S'il n'y avait eu que les Anglais, ils n'auraient pas tardé à devenir Américains », écrivait en 1838 Tocqueville à un journaliste britannique. En visite à Sydney, le Premier ministre fédéral canadien, Stephen Harper, en a appelé à cette spécificité pour illustrer la différence entre l'Australie et le Canada : « Vous, vous êtes nés anglais ; nous, nous sommes nés français. » En 1967, le magazine *Time* titrait : « Qu'est-ce qu'un Canadien ? C'est quelqu'un qui n'a pas encore eu une bonne offre d'emploi au sud de la frontière. » En même temps, l'américanisation n'a pas épargné les Québécois, qu'ils aient été attirés, par centaines de milliers au XIXe siècle, par les salaires du sud, ou qu'ils aient importé la culture et certains modes de vie *made in USA*. Le mélange fait du Québec « une Amérique qui parle français ». Ce qui ne suffit pas à résoudre les contradictions, mais plutôt les exacerbe. Au début des années 1970 existait une revue intitulée *Presqu'Amérique* et Robert Charlebois chantait la *Complainte de Presqu'Amérique.* La romancière Lise Bissonnette le dit autrement : cette américanité, nous la partageons « sans nous porter plus mal que d'autres, avec une vaste partie de la planète. Nous le faisons simplement en français et si cela signifie "mourir en français", voilà une agonie grouillante de vie ! »

Vis-à-vis des États-Unis, les contradictions ne datent pas d'hier. Dès la guerre d'indépendance des colonies britanniques d'Amérique du Nord, les Canadiens français ont été placés devant un choix, qui était un véritable dilemme. Ils ont été alors invités par les insurgés à se joindre à l'Union naissante et à en devenir le quatorzième État. Ils se seraient ainsi libérés du joug anglais. Mis à part quelques républicains, ils ont préféré garder ce qu'ils avaient. Ils venaient de changer de régime avec la conquête britannique. Ils ne voulaient pas d'une nouvelle aventure. La monarchie constitutionnelle, même étrangère, leur paraissait un progrès par rapport à la monarchie absolue à la française, et ils se méfiaient de ces protestants républicains qui s'en prenaient à l'autorité du roi et de leur Sainte Mère l'Église catholique. La révérence vis-à-vis de l'autorité établie l'a emporté sur leur sympathie pour les États-Unis. Il y avait aussi une forme de résignation après la conquête britannique. Celle-ci n'avait pas que des inconvénients puisqu'elle avait implanté au Canada une certaine idée du libéralisme politique, bien incarné au XIXe siècle par Wilfrid Laurier. Il disait : « Nous sommes une race conquise. C'est une vérité triste à dire, mais enfin c'est la vérité. » À quoi l'écrivain Yves Beauchemin [1] répondait un siècle plus tard : « Je sais qu'on a toujours été un peuple colonisé. Colonisé, oui. Mais susceptible. »

Des couples antagonistes

De là à croire qu'ils sont de fieffés conservateurs, il n'y a qu'un pas, qu'il serait dangereux de franchir. Bien sûr, ils sont conservateurs. Mais ils ne sont pas que cela. Déjà au temps des coureurs des bois, ils faisaient fi des enseignements de l'Église et se lançaient à l'aventure. Ils étaient cultivateurs et en même temps nomades, sédentaires et pionniers, enracinés et mobiles, attachés à la terre et prêts à la quitter pour découvrir de nouveaux horizons. Cette dualité s'inscrit dans des couples antagonistes : mère patrie/nouveau pays, France/Canada, paroisse/sauvagerie, tradition/envie d'étrangeté, francité/américanité, Saint-Laurent/Grand Nord, stabilité/aventure, silence/parole, héritage/refondation, repli/initiative, dévots/anticléricaux, dépensiers/bas de laine, attachement/arrachement (à la terre, à la France, à l'Europe...).

Pierre Elliott Trudeau, le bilingue et biculturel nationaliste canadien, et René Lévesque, le nationaliste québécois tout aussi bilingue et biculturel, ont tous les deux, chacun à sa manière, cherché à « désambivalencer » les Québécois, selon l'expression

1. Auteur dans les années 1980 d'un best-seller, *Le Matou*.

de l'historien Jocelyn Letourneau. Le premier en les « canadiennisant » ; le second en les « québécisant » davantage voire totalement, selon des figures variables : républicanisme, indépendantisme, souveraineté, souveraineté-association, fédéralisme asymétrique, égalité nationale, etc., avec toujours les mêmes objectifs : concilier l'inconciliable, parer à deux périls tant complémentaires que contradictoires : assimilation – être inclus dans un grand tout, qu'il s'appelle Canada ou Amérique (au sens des États-Unis) –, et exclusion – se retrouver isolé, séparé d'un ensemble, et finalement réduit à un repli sur soi qui ne serait qu'une étape vers l'engloutissement dans le grand ensemble auquel on a voulu échapper.

Ni Trudeau ni Lévesque n'ont réussi dans leur entreprise. Les Québécois revendiquent toujours une identité distincte par rapport aux autres Canadiens, même si l'indépendance a été mise entre parenthèses. Et la « québécisation » n'a pas débouché sur la souveraineté.

Les plus pessimistes des Québécois pensent que cet entre-deux n'est pas durable. Dans quelques décennies, le Québec sera au mieux comme le Nouveau-Brunswick, avec un bilinguisme de façade, au pire comme la Louisiane, avec des groupes de chanteurs francophones qui ne seront plus que du folklore, disent-ils. Les plus réalistes utilisent une image : « Nous sommes sur le Niagara et nous ramons à contre-courant. Nous sommes entraînés à la vitesse de trois nœuds contre dix nœuds il y a quelques décennies. Mais les chutes se rapprochent inexorablement. » Les gouvernements libéraux au pouvoir depuis la défaite du PQ en 2003 appliquent la « doctrine Gérin-Lajoie » sur les prérogatives extérieures des provinces. La mise en œuvre de la politique étrangère dépend du niveau de compétence, fédéral ou provincial. Quand les compétences sont provinciales, le pouvoir de mettre en œuvre doit s'accompagner du pouvoir de négocier. C'est vrai dans les domaines éducatif, culturel, judiciaire comme dans la gestion des ressources naturelles. « Ce qui est compétence québécoise chez nous est de compétence québécoise partout », a coutume de dire le Premier ministre Jean Charest. Les autres provinces possèdent les mêmes pouvoirs, mais dans la plupart des cas les délèguent au gouvernement fédéral.

Est-ce suffisant pour tarir à long terme les aspirations indépendantistes ? C'est peu probable. Elles semblent avoir été mises en sourdine, à cause des divisions du Parti québécois, de l'apparition sur sa gauche d'un autre petit parti indépendantiste, et des précautions prises par le gouvernement fédéral pour ne pas réveiller la querelle. Sous l'impulsion du Parti libéral fédéral, qui est actuellement dans l'opposition mais qui pourrait revenir au pouvoir à Ottawa à l'occasion des prochaines élections, le Québec a été reconnu en 2006 comme une « nation au sein du Canada ». Le chef du Parti libéral, qui deviendrait Premier ministre fédéral en cas de victoire, est un Québécois francophone, passionné d'écologie, Stéphane Dion. Comme l'écrit le journal *La Presse*, Stéphane Dion est avec la chanteuse Céline Dion « cousin de la fesse gauche ». Ils partagent le même ancêtre, Jean du Buisson-Guyon, un maître maçon normand de Mortagne-au-Perche, qui a débarqué de Dieppe à Québec en 1634 avec femme et enfants. Du Perche sont parties plusieurs grandes familles québécoises, comme les Pelletier, Gagnon, Tremblay, Rivaud, Fortin, Bouchard et Drouin. Ce sont encore parmi les patronymes les plus communs au Québec.

Souveraineté partagée

En 2000, ministre des Affaires intergouvernementales à Ottawa, Stéphane Dion a fait voter une loi sur la « clarté référendaire » qui fixe les conditions dans lesquelles une consultation populaire sur l'éventuelle sécession d'une province – sous-entendu, bien sûr, du Québec – devrait avoir lieu et les modalités de la négociation avec le pouvoir central. L'Assemblée nationale du Québec a rejeté cette loi en réaffirmant son droit souverain à déterminer les conditions de l'autodétermination du peuple québécois. « Le Québec est déjà souverain, a répliqué Stéphane Dion. Son peuple est souverain. Mais nous sommes dans une fédération, et la souveraineté est partagée. »

Un des moyens de pression utilisés par le gouvernement fédéral sur les Québécois est la mise en avant des francophones des autres provinces du Canada. Depuis les États généraux du Canada français, en 1967, qui a reconnu le droit du Québec à l'autodétermination, l'idée d'une entité canadienne française qui prendrait en charge les intérêts de tous les francophones du pays est morte. Mais elle peut encore servir pour isoler le Québec des Canadiens français qui, à leur tour, se sentent oubliés par Québec. « Il ne faut pas se méprendre sur les meubles à sauver, dit l'historien Yvan Lamonde, l'expérience historique montre que quand les francophones se sont retrouvés en minorité ils ont perdu. » Autrement dit, il est indispensable que les francophones préservent le lieu où ils sont majoritaires, c'est-à-dire la Belle Province, qui ne veut pas en être une puisqu'elle se considère comme un État. « L'indépendance est un match différé », dit encore Yvan Lamonde. Il se jouera un jour ou l'autre, à plus ou moins long terme, car le statu quo n'est pas tenable. Et il ne l'est pas parce que sous couvert de ne rien toucher à l'équilibre des compétences entre le fédéral et le provincial, le gouvernement central accroît ses pouvoirs par le biais de la fiscalité, pousse à la centralisation parce qu'il dispose de moyens de plus en plus importants aux dépens des gouvernements provinciaux. Dans les milieux intellectuels québécois, l'idée de l'indépendance est toujours vivante. Les hommes politiques sont plus sceptiques. Aussi longtemps qu'Ottawa n'adoptera pas une positon de combat contre le pouvoir des provinces, en particulier contre le Québec, le statu quo a des chances de se prolonger.

Le prochain match sera-t-il le bon ? L'issue dépend du gouvernement fédéral, un peu ; des Québécois, beaucoup. Il faudrait qu'ils sortent de leurs contradictions, qu'ils cessent de voir dans la politique un opium dans lequel ils surinvestissent, une bataille où ils sont toujours perdants, comme les Patriotes en

1837 ou comme lors des référendums de 1980 et de 1995, une hésitation, où ils n'arrivent pas à se décider franchement.

***

Au terme de cette rapide chevauchée à travers les quatre cents ans d'histoire du Québec depuis l'arrivée de Samuel de Champlain à Hochelaga, il reste à espérer que le lecteur – en particulier québécois – n'aura pas la même réaction que les Indiens Chippewyas du Minnesota, au début du XVIIIe siècle : « C'est au début de ces beaux jours qu'arrivent généralement l'armée des savants blancs. Ils viennent observer les Chippewyas pendant deux semaines, parfois un mois, jamais plus. [...] Les Indiens répondent poliment, sérieusement, sans rire. Il faut dire que ces savants ne sont pas là pour s'amuser. [...] Ils repartent, ils écrivent un livre. [...] Les Chippewyas l'achètent, le lisent... Alors ils apprennent qui ils sont. [...] Et c'est le fou rire général [1] ! »

---

1. Préface de William Camus à *John Long, trafiquant et interprète de langues indiennes*, Éd. AM. Métailié, 1980. Cité par Jacques Lacoursière, Jean Provencher et Denis Vaugeois, *Canada-Québec, 1534-2000*, Septentrion, 2001.

ANNEXES

Chronologie

8000 av. J.-C.	Arrivée des premières peuplades autochtones sur le territoire actuel du Québec
1534	Jacques Cartier accoste dans la baie de Gaspé
1608	Samuel de Champlain fonde la ville de Québec
1642	Paul de Chomedey, sieur de Maisonneuve fonde Ville-Marie
1701	Paix de Montréal avec les Indiens
1748	Traité d'Aix-la-Chapelle
1759	Bataille des plaines d'Abraham
1760	Conquête de Montréal par les Britanniques
1763	Traité de Paris. La France cède le Canada à l'Angleterre
1774	Acte de Québec
1791	Création du Haut et du Bas-Canada
1834	Les Patriotes rédigent les quatre-vingt-douze résolutions
1837-1838	Soulèvement des Patriotes
1839	Rapport Durham
1840	Réunion du Bas et du Haut-Canada par l'Acte d'Union
1867	Réunion des provinces du Canada qui devient un Dominion
1896	Wilfrid Laurier, premier Premier ministre francophone du Canada
1910	Fondation du journal *Le Devoir*
1917	Crise de la conscription
	Droit de vote accordé aux femmes aux élections fédérales
1931	Le Canada est maître de sa politique étrangère grâce au Statut de Westminster

1935	Maurice Duplessis fonde l'Union nationale et devient Premier ministre du Québec (1936)
1937	Loi du cadenas
1940	Droit de vote accordé aux femmes pour les élections provinciales
1942	Plébiscite sur la conscription
1943	Loi sur l'instruction obligatoire des enfants
1944	Création d'Hydro-Québec
1948	Manifeste du *Refus global*
1949	Grève de l'amiante
1960	Début de la Révolution tranquille
1963	Création du Front de libération du Québec (FLQ)
1967	Exposition universelle de Montréal et voyage de De Gaulle
1968	Fondation du Parti québécois par René Lévesque
1970	Crise d'octobre. Attentats du FLQ. Mort du ministre Laporte
1974	Loi 22 : le français, langue officielle du Québec
1976	Jeux Olympiques de Montréal
1977	Loi 101 : adoption de la Charte de la langue française
1980	Rejet du projet de souveraineté-association par référendum
1987	Accord du lac Meech sur la Constitution canadienne. Jamais ratifié
1990	Crise d'Oka : affrontements entre la police et les Mohawks
1995	Second échec des souverainistes au référendum
2003	Victoire électorale du libéral Jean Charest
2007	Réélection de Jean Charest

Bibliographie

Pierre Chaloult, *Québec, mon pays, mes amours*, Léméac, 1985.

Renée Côté, *Place-Royale, Quatre siècles d'histoire*, Musée de la civilisation, Fides, 2000.

Jean Forest, *Chronologie du québécois*, Triptyque, 1998.

Gaston Gagnon, *Un pays neuf, Le Saguenay-Lac Saint-Jean en évolution*, Les Éd. du Royaume Alma, 1988.

Jean Hamelin, Jean Provencher, *Brève histoire du Québec*, Boréal, 1997.

Jean Hamelin (sous la direction de), *Histoire du Québec*, France-Amérique, 1976.

Jacques Lacoursière, *Une brève histoire du Québec*, Septentrion, 2002.

Jacques Lacoursière, Jean Provencher, Denis Vaugeois, *Canada-Québec, Synthèse historique, 1534-2000*, Septentrion, 2001.

Yvan Lamonde, *Allégeances et Dépendances, L'histoire d'une ambivalence identitaire*, Nota bene, 2001.

Jocelyn Létourneau, *Le Québec, les Québécois, Un parcours historique*, Images de sociétés, Musée de la civilisation, Fides, 2004.

Valérie Lion, *Irréductible Québécois*, Éd. des Syrtes, 2004.

Christian Morissonneau, *La Terre promise, Le mythe du Nord québécois*, Galeries du Québec/Hurtebise HMH-Ville LaSalle, 1978.

Index

D

E

F

G

H

J

K

L

R

S

T

Remerciements

Nous tenons à remercier pour leur aide et leurs conseils :

Denis Angers, Jacques Audibert, Pierre Boyer, Dany Girard, Mohammed Hitrane, Alain Juppé, Jacques Lacoursière, Yvan Lamonde, Simone Litalien, Christian Morissonneau, Anne Pelouas, Jacques Rummelhardt, Norman Smith.

Table des matières

Déjà parus

Le Roman de la Russie insolite, Vladimir Fédorovski.
Le Roman de Saint-Pétersbourg, Vladimir Fédorovski, prix de l'Europe.
Le Roman du Kremlin, Vladimir Fédorovski, prix du meilleur document de l'année, prix Louis-Pauwels.
Le Roman d'Athènes, Marie-Thérèse Vernet-Straggiotti.
Le Roman de Constantinople, Gilles Martin-Chauffier, prix Renaudot essai.
Le Roman de Shanghai, Bernard Debré, prix de l'Académie des sciences morales et politiques.
Le Roman de Berlin, Daniel Vernet.
Le Roman d'Odessa, Michel Gurfinkiel.
Le Roman de Séville, Michèle Kahn, prix Benveniste.
Le Roman de Vienne, Jean des Cars.
La Fabuleuse Histoire de l'icône, Tania Velmans.
Dieu est-il gascon ?, Christian Millau.
Le Roman de la Saxe, Patricia Bouchenot-Déchin.
La Fabuleuse Histoire de Malte, Didier Destremau.
Le Roman de Hollywood, Jacqueline Monsigny et Edward Meeks.
Le Roman de Chambord, Xavier Patier, prix du patrimoine.
Le Roman de l'Orient-Express, Vladimir Fédorovski, prix André-Castelot.
Le Roman de Budapest, Christian Combaz.
Je serai la princesse du château, Janine Boissard.
Mes chemins secrets, Jacques Pradel.
Le Roman de Prague, Hervé Bentégeat.
Le Roman de l'Élysée, François d'Orcival.
Le Roman de Tolède, Bernard Brigouleix et Michèle Gayral.
Le Roman de l'Italie insolite, Jacques de Saint Victor.
Le Roman du Festival de Cannes, Jacqueline Monsigny et Edward Meeks.
Le Roman des amours d'Elvis, Patrick Mahé.
Le Roman de la Bourgogne, François Cérésa.
Le Roman de Rio, Axel Gildén.
Le Roman de la Victoire, Bertrand de Saint-Vincent.
Le Roman de la Pologne, Beata de Robien.
Le Roman de Venise, Gonzague Saint Bris.
Le Mystère des Tuileries, Bernard Spindler.

Cet ouvrage a été composé et imprimé par la
SOCIÉTÉ NOUVELLE FIRMIN-DIDOT
Mesnil-sur-l'Estrée
pour le compte des Éditions du Rocher
en décembre 2007

Éditions du Rocher
28, rue Comte-Félix-Gastaldi
Monaco

Imprimé en France
Dépôt légal : janvier 2008
N° d'impression : 87499